江苏省中国特色社会主义理论体系研究中心研究成果

雪域高原的教育守望：

西藏支教故事

吴亮奎　德吉央宗　著

人民出版社

目　录

第一编　走进西藏

第二编　诗性文化

第三编　底线守护

第四编　教育真味

第五编　学术情怀

第六编　理性之思

序

余嘉云 [①]

一

2020 年底，受南京师范大学安排，南师大教科院在学院的工作群发布了一条招募老师去西藏支教的通知，吴亮奎老师报了名，经过讨论，学院和学校同意他前往西藏支教。2021 年 3 月中旬，校办为吴老师去西藏支教举行了一个简短的欢送会，我代表学院党委参加了这个会。2021 年 12 月下旬的一天，收到吴老师从西藏发来的一条短信，说他已顺利完成西藏支教任务，准备回内地。时光在工作的忙碌中飞逝，转眼间，两个学期匆匆过去，吴老师已圆满完成学校交给的对口援藏工作任务。我耳边仿佛还在回响着吴老师在厚生楼小会议室送别仪式上的发言，"西藏支教，我会尽我所能，把南师'正德厚生，笃学敏行'的校训传播到雪域高原"。

吴老师以自己的行动实现了他的诺言。在这两个学期的西藏支教工作中，吴老师除了完成受援学校交给的日常工作，还指导拉萨师专申报并获

[①] 余嘉云：南京师范大学教育科学学院党委书记，教育学博士，研究生导师。

批西藏自治区一流课程——"小学语文课程与教学"，发表西藏高等师范教育研究的高水平科研论文两篇，撰写《西藏本科师范学校的建设和发展定位》的决策咨询报告一份。

此外，吴老师还带回来一本记录西藏支教生活的教育随笔集《雪域高原的教育守望：西藏支教故事》，这本随笔集是由他和拉萨师专语文和社会科学系的德吉央宗老师合作完成的。

吴老师拿着书稿问我是否愿意给他们的书稿写一个序。我被吴老师的诚意和信任感动，答应给他们的书稿写序。一打开书稿我就被书稿中的文字吸引：

> 翻遍十万大山，只为与你相遇。教育是心灵的相遇。教育者为信仰而生，为精神而在，怀揣着梦想和虔诚，传播着伟大的民族精神。支教生活是艰苦的，但因为信仰的感召，艰苦的生活变得富足。

一口气读下去，感觉书稿不是用文字写的，而是用精神和情怀写的：

> 教育是有功利的，教育的最大功利在于传播、弘扬民族精神，民族精神是教育者心中的信仰。这种信仰化入生活，就是一种情怀。教育的情怀是从教育本身长起来的。

> 当我身处海拔 4700 米的高原牧区小学，站立在校园中，高原的寒风透过厚厚的冬衣刺痛着我的肌骨时，当我的身体感受到来自心脏的压力和缺氧的窒息时，我对"情怀"一词的认识发生了改变："情怀"不是热烈和感动、不是生命力的爆发和血液的涌动，"情怀"是对艰苦的忍耐，是对日常寂寞的承受，是一个人对他所赖以生活的土地的热爱。"情怀"是在坚强的人生信念支撑下对事业的执着。

> 在西藏的七十多个县级行政单位中，有二十九个县的平均海拔在 4000 米以上。从山南到拉萨，从昌都到那曲，从日喀则到阿里，从藏南山地峡谷到藏北万里羌塘，这片辽阔的国土上生活

着的大多数人是纯朴的藏族同胞。他们或放牧或农耕，他们建设、守护着青藏高原这片神奇的土地，他们古老的生活习惯需要与现代科技文明融合，他们的子女需要接受高质量的现代学校教育。西藏的基础教育学校需要大量高素质的教师。

······ ······

阅读书稿中，不是跟着文字，而是被一种朴素的真诚、本能的热爱、教育的执着和坚强的信念牵引着。

"用身体生活，用心灵体验，用文字记录，用担当作学术。"这是吴老师在他的微信朋友圈发的文字，也是他日常生活、工作和学术研究的写照。

"缺氧不缺精神、艰苦不怕吃苦、海拔高境界更高。"[1] 吴老师的书稿带给我的是信仰和精神的感动，是一名普通高等教育工作者的政治担当。我要把这种感动和担当分享给更多的人，让更多的人了解西藏教育，关心支持西藏教育。

二

"中央支持西藏、全国支援西藏，是党中央的一贯政策，必须长期坚持，认真总结经验，开创援藏工作新局面。"[2]"十一五"期间，教育部确定南京师范大学、苏州大学、首都师范大学、东北师范大学等四所高校对口支援拉萨师范高等专科学校（拉萨师专）。截至目前，南京师范大学先后选派多名优秀教师前往拉萨师专支教，支教老师的辛苦工作为拉萨师专的发展起到了积极的促进作用。同时，南京师范大学还先后接受多批拉萨

[1] 习近平：《在中央第七次西藏工作座谈会上的重要讲话》，《人民日报》2020 年 8 月 30 日。
[2] 习近平：《在中央第七次西藏工作座谈会上的重要讲话》，《人民日报》2020 年 8 月 30 日。

师专的中层干部和优秀教师前来学习进修。

拉萨师专的前身是拉萨市师范学校，成立于 1975 年。2006 年 2 月，经教育部批准，学校升格为拉萨师范高等专科学校。拉萨师专成立以来，为西藏基础教育事业和经济、社会的发展培养了近 3 万名各类应用型人才，其中 2 万多名全日制师范毕业生扎根西藏的县、乡小学和幼儿园。拉萨师专是西藏自治区唯一一所高等师范学校，也是世界上海拔最高的大学。2020 年 8 月，拉萨师专从拉萨市区的娘热路整体搬迁到城关区蔡公堂乡白定村。目前，学校正在进行升格本科师范学校的建设工作。

援藏工作是一项艰苦而光荣的工作，援藏工作者身上体现出的精神就是援藏精神。2021 年 7 月，习近平总书记在拉萨会见援藏干部代表时说："援藏精神是中国共产党的一个崇高精神，是中国特色社会主义的一个显著优势。缺氧不缺精神，这个精神就是革命理想高于天。你们在高原上，精神是高于高原的。这个事情必须一茬接一茬、一代接一代干下去。一方面支援了西藏，集中力量办大事；一方面锻炼了干部、成长了队伍。援藏应该是你们一生中最宝贵的经历之一。"① 吴老师说，西藏支教是他人生的一段宝贵经历，在这段经历中，他欣赏到了高原美丽的风景、体验到了藏地神奇的文化、实现了自己的教育情怀、担当了一份政治责任。《雪域高原的教育守望：西藏支教故事》是作者对西藏支教生活的记录，有对高原支教生活的真实描述，也有对西藏教育的客观观察和理性思考，书稿真实地书写了援藏精神。

全书以教育学、文化学和文学相融合的视角观察、书写西藏的教育发展问题，是对西藏教育问题的另一种表达与阐释。全书分为六个部分：走进西藏、诗性文化、底线守护、教育真味、学术情怀、理性之思。

《雪域高原的教育守望：西藏支教故事》的出版具有积极的意义，该书可视为内地高校对口西藏支援工作的一项成果，与国家"支持西部教育

---

① http://www.gov.cn/xinwen/2021-07/25/content_5627158.htm。

发展""师范教育协同提质计划""加强学校铸牢中华民族共同体意识教育""组团式援疆教育人才选派"的工作布局和工作任务高度一致。同时，该书的出版将有助于我国援疆支边工作开展，彰显援藏单位和个人的政治责任与担当。

2022 年 7 月 1 日

第一编　走进西藏

翻遍十万大山，只为与你相遇。教育是心灵的相遇。教育者为信仰而生，为精神而在，怀揣着梦想和虔诚，传播着伟大的民族精神。支教生活是艰苦的，但因为信仰的感召，艰苦的生活变得富足。

"哈达""高反"与"雪山""天路"

2020年底，学院发通知，招募老师去西藏支教，我报了名，得到批准，定于2021年春季到西藏支教。对于我的决定，儿子表示支持，妻子只问了一句身体能不能适应。由于当时新冠疫情的不可预料，西藏支教没有成为春节期间我们家庭讨论的话题。2021年3月初，南师大校长办公室突然打来电话，问我拉萨支教是否还去，我说去。原定3月10号出发，由于我的扁桃体发炎，改到26号出发。

一

飞机下午七点钟落地，取完行李走出贡嘎机场大厅已近八点。此时的拉萨，天空还很亮。刚下飞机时，虽然心理上对"高反"有较大的担心，但身体并没有异样的感觉。轻松地走出机场长廊，走下几层台阶，通过严格的进藏安检，来到机场的出口。代表学校来接机的姚老师给我献上洁白的哈达，以藏族崇高的礼节欢迎我这位来支教的老师。这是我第一次感受到哈达的洁白与热情。姚老师在车上告诉我少讲话，多休息。汽车进入拉萨城之前还需要经过一道安检。拉萨师专在拉萨城的东边，距离城区有十

3

多公里的路程。川藏公路拉林段（拉萨—林芝）沿着拉萨河由东向西延伸，我们在公路上向东行进。学校位于拉林公路旁边，一个半小时后我们到了学校。汽车直接开到宿舍楼下，下车的时候我感觉身体有点异样。等进了电梯上到五楼，不知是心理的反应还是身体的反应，有点站立不稳的感觉。司机慌忙帮助打开房间的氧气瓶，他说吸氧会好些。姚老师到校内超市帮我买了一些方便面和面包。当晚安然无事。第二天早上六点钟醒来，窗外的天空还是黑的，这才想起，拉萨与南京有一个多小时的时差。

上午，下楼在校园里走了一小段路，不敢走太远。到校内的超市转了一圈，购些生活必需品。走路时，没有太坏的感觉，但总感觉身体像是在地上飘着。我知道这是"高反"。在内地的时候，血压就处于临界点，上了高原，血压有较大的起伏。这给自己带来了较大的心理压力，担心自己不能适应西藏的支教生活。高原的阳光特别刺眼，即使黄昏时分，眼部也能明显感到来自空气中的光线压力，没有到过高原的人难以体会这种光线压力。第三天，一个人坚持走到了校园大门口。相信自己慢慢地开始适应了：没有头痛、没有胸闷，只是身体的一些轻微反应。唯一还心存担忧的是血压的较大波动。中午去校医室量血压，校医说一般人上到高原后都会有血压升高的现象，这是正常的，告诉我不用担心。并嘱咐，初上高原不要洗澡，千万不能感冒，"感冒会死人"。到拉萨的第一个星期真的没有洗澡。

第四天，周一。上午九点到学校政工处报到，办理了相关手续。政工处尹主任说把我安排在语文和社会科学系，打电话让系副主任旦增格桑老师接我到系里去。旦格老师把我带到系会议室，系里的工作人员正在开周一工作例会，吴海栓主任对我进行了简单介绍后，我便加入了他们的例会。就这样，开始了我的拉萨师专支教工作。

这次来拉萨师专支教的，除了我，还有另外四位内地来的老师，苏州大学和东北师大各两位。他们比我先到十几天。因为我和他们不熟悉，事先也没有联系，加上自己还没有适应高原生活，就没有主动找他们聊天。

直到第五天，基本适应了拉萨这边的生活后，我才去找他们。东北师大的两位老师，一位是教务处的，已经在拉萨师专支教了一年，这是在拉萨师专支教的第二年；另一位是美术学院的，一见面就能感受到他身上艺术家特有的诗意气质。苏大的两位老师，一位来自文学院，是研究古典文学的，博士后出站不久，浑身透着学术的青涩；还有一位来自教育学院，研究教育技术，给人的感觉是热情干练且实在。熟悉之后，工作之余，我们便开始了散步、交流和周末旅游的生活。

二

西藏特有的自然和人文风景让我们这些内地来的支教老师产生了从未有过的体验。去布达拉宫、大昭寺，感受西藏的历史和文化。公交车上的藏语播报，藏族居民口中不停的诵经声，小商品市场上各种藏地日用品和文化器物，藏族村民房门上的哈达、屋顶上的经旗、河边和山上的经幡，还有广场上自由轻松的锅庄舞……身边的一切都是那么新鲜、神秘而又有点刺激。藏地文化，仁爱、悲悯、感恩，尽管一切都陌生，但我们感觉很安全。

随性的旅行，随时的感受；风光飘荡在眼前，记忆留存在心底。清明节放假第一天，是我到西藏的第七天。学校的一位老师带我们去海拔4200多米的日多温泉，开始时有点担心不适应，便随车带了学校给配的医用氧气瓶（后来也没有用上）。日多温泉在拉萨市墨竹工卡县日多镇，林拉公路边上。日多镇距离拉萨师专120公里。日多温泉分"小池"和"大池"两种。小镇西边的山坡上有许多小房子，房子内有许多单间温泉，那是"小池"；"大池"在小镇的街道上，温泉池甚至比篮球场还要大。有年轻人在温泉池里游泳，一些藏族老人则安静地坐在池边，旁边有老人的儿女陪伴。当地的藏族居民认为，温泉有药用价值，泡温泉有保健功效，还可以治疗某些疾病。池边上放着些休闲座椅，海滨浴场上经常看到的那种。在温泉里泡累了，可以坐在桌边享用带来的食品饮料。阳光透过屋顶的 PC 玻璃照进来，闲适自在。西藏的老师说，羊八井有一个叫"蓝色天国"的温泉，打造得非常好，人泡在温泉里，抬头可以望见雪山，吃住一条龙的服务。可惜一直到支教工作结束，我们都没有找到机会去体验"蓝色天国"。把美丽留在梦中，或许更有一种味道。

下午泡完温泉出来准备回家，一位老师顺口说一句："去林芝？"随即便得到大家的赞同。于是方向盘一转，开向了林芝，开始了一次说走就走的旅行。有一种从我这个理性年龄中难得解放出的随性。出了日多镇，汽车开向米拉山。米拉山是拉萨市和林芝市的界山，米拉山口海拔 5013 米。车子离开日多镇后一直都是上坡，我坐在车上，感觉着耳鸣，不敢多讲话。米拉山隧道全长 5727 米，海拔 4740 米。穿过隧道后就是下坡。随着海拔的降低，路两边山上的植被有明显的变化。初上高原，一路行走，一路惊险，一路体验。到达林芝市区时已是晚上九点。好在同行的郑伟老师有一个熟人，早早帮助订好了宾馆。清明小长假，出行的人多，不然就要宿于车上。

我们去的时候正值林芝桃花节，山脚桃花烂漫，山上白雪皑皑。对于一个生在江南长在江南的人来说，桃花不是奇景，但白雪映桃花确实是罕见的景致。嘎拉村是著名的桃花村，车多，人多，路上拥挤，还算有序。

"五一"放假前，学校政工处尹主任找我们支教老师聊天，问我们是不是要回内地。若回内地只需要向学校报备一下即可，若不出西藏则不需要报备。由于进藏才一个多月，大家都没有回内地的打算，这样我们便开始了"五一"出游的计划。苏州大学来的青涩博士后李晨为大家攻略了一条西藏南线旅游的线路。这是一条小众的线路：从拉萨到山南（泽当），再到勒布沟，后转措美、洛扎，穿越洛扎大峡谷，最后经浪卡子的羊湖回到拉萨。

三

　　山南是藏文化的源头，也是我们这次旅游到达的第一站。泽当城整洁干净，城市建筑有许多现代元素，街道上种满了大大小小的树。在山南，我们去了桑耶寺、藏戏第一村和雍布拉康。"拉康"意为"神殿"，雍布拉康是松赞干布和文成公主的夏宫。松赞干布最初是在山南建立统治政权的，后来为了统一西藏地区才将统治中心向北移到拉萨。据史料记载，文成公主进藏走的是唐蕃古道，自西安，经甘肃、青海，至拉萨。文成公主进藏的时候大概十六岁，在藏族人民心中她有很高的地位。拉萨城南边与布达拉宫相对的山谷中有一处《文成公主》户外实景演出的舞台，看过演出的人都说场景很震撼。拉萨河上有一座"迎亲桥"，就是当年松赞干布迎接文成公主进藏的地方。拉萨师专的藏族老师旦增格桑以文成公主进藏为背景创作了一首歌曲《接文成》，歌曲的内容是松赞干布迎接文成公主进藏的场景，歌词是这样的：

　　　　远处皑皑雪山，
　　　　有位松赞干布，
　　　　他是贤能之人。

　　　　近处村落庄园，
　　　　有我父母双亲，
　　　　是我终生依靠。

　　　　世间四四方方，
　　　　是我生长之地，
　　　　慈爱一生之地。

来，一起去迎接文成！

请你莫要惧怕，
一百零八江河，
一百马头大船，
会来迎接文成。

请你莫要惧怕，
艾玛平原①之大，
一百马车已备，
会来迎接文成。

吉祥之舞跳起，
跟着节奏跳起，
一二三，一二三。

原歌词是用藏文写的，演唱也是用藏语，这是我特意请他翻译过来的。旦增格桑是拉萨师专语文和社会科学系藏文因明学老师，他年轻时就有音乐的梦想，大学刚毕业时曾自费出过音乐专辑，现在依然行走在音乐梦想的路上。他写有很多藏族音乐作品，这首《接文成》是他的作品之一。他的弟弟扎西平措是近几年在内地比较活跃的藏族歌手之一，扎西平措是从电视节目"好声音"走向内地流行歌坛的。哥哥创作，弟弟演唱，一对默契的音乐兄弟。后来，扎西平措对旦格老师创作的《接文成》进行了新的演绎，成为一首很流行的藏族歌曲。

你说落日天涯，
望极天涯却不见家。

---

① 艾玛：拉萨市地名，地势平坦，当地人谓之艾玛平原。

今夜故乡思千里，

两鬓斑白又是一年。

江水三千里，

思绪永不断。

人归落雁后，

思发（念）在花前。

这首歌曲在网上的各大音乐平台都很容易找到。

四

这次"五一"的行程，我们到了勒布沟1962年对印边境自卫反击战张国华将军的指挥所，走了绝险神奇的219国道，穿过了藏南大峡谷，登临过洛扎县拉康镇的卡久寺，曾驻足于海拔5000多米的普莫雍措，在羊卓雍措边遥望美丽的库拉岗日雪山。

雪山、圣湖、天路，这次出行让我们对祖国江山的壮美、国力的强大和中国军人的英雄精神有了具象认知。

"藏二代"书记与"藏一代"青年

拉萨师专党委书记姓余，老师们都称她余书记。我们这一批来西藏支教的其他四位老师报到时，余书记热情地接待了他们，由于我比他们报到的时间稍晚几天，一直没有与余书记见过面。第一次与余书记见面是在学校举办的援藏教师的欢迎宴上。这时我才发现人们常说的余书记是位女同志，她讲话干练，有条理，又充满热情，言行之间透着党员干部的正气。据介绍，她曾在拉萨市尼木县旅游局工作，是从拉萨市委秘书长的岗位调到拉萨师专的。余书记是一位"藏二代"，她父亲是支边军人，是国防保卫者和边疆建设者。第一代支边军人的伟大，只要走一次西藏的"天路"就会有初步体验。1962年对印边境自卫反击战张国华将军的指挥所就设在勒布沟，当时的勒布沟只有雪山没有路，中国军人以坚强的毅力和勇敢的精神，克服常人无法想象的困难，痛击敌寇，战胜侵略者，一直打到离新德里只有一百多公里的地方。1962年的对印边境自卫反击战换来了西藏边境的长时间安宁。第一代军人和西藏支边建设者以毅力和精神在雪域高原扎下了根，这种毅力和精神凝聚为"特别能吃苦、特别能战斗、特别能忍耐、特别能团结、特别能奉献"的"老西藏精神"和"一不怕死、二不怕苦；顽强拼搏、甘当路石；军民一家、民族团结"的"两路精神"。余书记这一代是"老西藏精神"和"两路精神"的接力者和传承者。高原低压缺氧的自然环境改变着他们身体的某些机能，但改变不了他们心中的信念。这不能不叫人心生敬意：一群人从内地来到西藏，又在西藏扎根，几代人为西藏建设和边疆安全奉献青春。西藏的建设和发展，一代代的西藏建设者以青春甚至生命不图回报地奉献着。"祖国母亲"在西藏是最朴素最伟大的情感表达。

老西藏精神　　　　　　　　　　　新时代援藏精神

"官二代""富二代"是内地的社会流行词，这些词多含贬义，而"藏二代"却透露出身份的自豪和社会价值的认可。"官二代"与"藏二代"，这两个结构相近的词在我们的内心生出不同的体验：一是戏谑，一是敬佩；一是无望的颓废，一是奋斗的光荣。

在拉萨师专还有一种人，我把他们称为新时期的"藏一代"。这是一群大学刚毕业就从内地来到雪域高原的青年。他们风华正茂，精力充沛，有很强的专业能力，还有硕士、博士的高学历。当初他们带着诗意和远方来追逐雪山圣湖，现在他们把诗意和远方变成实在的生活。高原的紫外线改变了他们的肤色，高原的低压缺氧改变了他们的生活习惯。但高原因为他们的到来也在不断改变，他们成为和平时期的西藏建设者和边疆守卫者。

到机场接我的姚老师就是新时期"藏一代"中的一位。她来自东北，大学毕业后主动报名来到西藏。她已经在西藏工作了十多年，东北人热情、开朗的性格让她与高原的环境和谐地融为一体。拉萨师专的张越友副校长在地质学院上学期间，就向往西藏。1996 年，工作几年后的一次高原旅行，她被西藏的自然、人文深深地吸引，偶然的机会，遇到当时西藏自治区教委的一位副主任（20 多年后的自治区党委书记），她向这位副主任表达了到西藏工作的愿望。在教委帮助下，拉萨市师范学校（拉萨师专的前身）联系了她。1997 年春天，她来到师校，从此，扎根高原 20 多年。在师校期间，拉萨一家报社公开招聘记者编辑，她报了名，并且通过了面试，但到了选择的关头，她依然选择了留在学校。课余时间，她骑着单车穿行在拉萨街头，熟悉了拉萨的每一条街道。因为熟悉圣城而爱上了圣城。后来拉萨师范学校升格为拉萨师专，她由副教授到教授，又走上学校的领导岗位。在拉萨师专，许多老师都有与张校长类似的经历：由对西藏的热爱和神往而成为拉萨师专的一名教师。"曾经，20 年前有过的理想，未能实现。但个人并不后悔。现在实现不了，留待退休总有机会。"这是我在张校长微信朋友圈中读到的一句话，虽然不能读出她年轻时候的理想究竟是什么，但我知道那一定是一个美丽的梦。正是年轻时美丽的梦让人生出信念，让人奋斗。

"拉萨"在藏语中是"圣地"的意思。当初，这一群年轻人因为雪山圣湖对拉萨这块圣地充满神往，现在他们把家安置在这块圣地上。与这些青年老师交谈，你很难听到"奉献""牺牲""光荣"之类的词语，但他们都在为西藏的发展默默地行动。他们虽然没有经历过边防战士所经历的血与火、生与死的考验，但他们具有与边防战士同样的高贵品质，付出了同样的牺牲。西藏因为有了他们，才得到建设和发展，才越来越繁荣。

如果说余书记代表的"藏二代"是对父辈边疆人的信念坚守，那么新时期的"藏一代"则是用青春和生命把诗和远方写在脚下，他们之后将会有新的"藏二代"……

　　这是平凡的伟大,是伟大的平凡,这是祖国母亲的感召。"不忘党恩"在西藏是深入民众心底的一句话。

"雪山""圣湖"与伟大的民族精神

雪山，圣湖，喇嘛庙。风景奇美。

高原缺氧又让人对这奇美的风景心生敬畏。在极端艰苦环境中生存的人们，活着不是依赖于物质的丰裕，活着不是为了名利欲望。活着就是为着一种信念：活着。不论是在珠峰脚下的山地村落，日喀则的年楚河谷平原，还是在藏北羌塘草原，藏族人民的生活信仰与他们头顶的天空、眼中的雪山、脚下的大地融为一体，生命是自然的一部分，生命与自然融为一体。雪山、圣湖是藏族人民心中的信仰，"缺氧不缺精神"书写着中华民族的坚忍和伟大。新时代的藏族同胞在党的光辉照耀下，生活越来越好，尤其是新时代的"援疆""扶贫""脱贫"政策，中华民族已成为一个大家庭，均衡发展、共同富裕是我们的奋斗目标。中华民族是一个坚韧的民族，这个民族具有"伟大创造精神、伟大奋斗精神、伟大团结精神、伟大梦想精神"。民族精神代代相传。

教育要传播民族精神，师范教育要培养能播撒民族精神种子的人。拉萨师范高等专科学校是世界上海拔最高的学校，也是西藏自治区唯一一所高等师范院校。因为是一所专科学校，学生的文化课基础不太好。但这些基础不太好的学生经过严格的师范训练将成为西藏自治区合格的师范生。他们中的大多数将成为人民教师，成为传播民族精神种子的人。他们毕业后，多数会回到他们生长的地方，回到雪域高原深处的农牧区。在那里，他们将会把在师范学校学到的知识、养成的精神在雪域高原上传播。

教育是有功利的，教育的最大功利在于传播、弘扬民族精神，民族精神是教育者心中的信仰。这种信仰化入生活，就是一种情怀。教育的情怀是从教育本身长起来的。"住进布达拉宫，我是雪域最大的王。流浪在拉萨街头，我是世间最美的情郎。"教师是知识的传播者，是文化的使者，是心灵的牧者，是信仰的坚守者。立德树人，教育影响着学生，影响着世界，世界因为教师的影响而慢慢改变。

教育是一种相遇

爱国兴藏　团结奋进

翻遍十万大山，只为与你相遇。教育是心灵的相遇。教育者为信仰而生，为精神而在，怀揣着梦想和虔诚，传播着伟大的民族精神。支教生活是艰苦的，但因为信仰的感召，艰苦的生活变得富足。

有机会成为一名雪域高原的支教者是我教师生涯的光荣。作为一名雪域高原的支教者，我期待着陌生的不适应与适应，期待着坚硬的岩石、俊美的雪山、深湛的湖水、英武的苍鹰，期待着心灵与心灵的诗意相遇……

拉萨河、市郊的藏族村落和拉萨师专校园

一

拉萨师范高等专科学校是西藏自治区唯一一所高等师范院校，也是拉萨市直属唯一的高校。学校前身为拉萨市文教局1964年创办的"师训班"。1975年8月成立拉萨市师范学校。2006年2月经教育部批准升格为拉萨师范高等专科学校。目前，学校正在进行升格本科建设。2020年下半年拉萨师专从拉萨市区娘热路的老校区整体搬迁到离市区十多公里的蔡公堂乡白定村。新校址位于拉萨市东郊的教育城，这里原来是一个农场。出学校正门是318公路的拉林段，往东可前往林芝，往西是拉萨市区，南面几公里的地方是海拔5000米以上的高山，北边是浩浩汤汤的拉萨河。河对岸是白定山，有一条公路沿山腰通向达孜县。从学校的位置向河对面望过去，有一个挂满经幡的垭口，翻过那个垭口，离著名的扎耶巴寺就不远了。刚来师专的时候，我很神往拉萨河对岸那个挂满经幡的垭口。但这一段拉萨河上没有桥。后来去扎耶巴寺游玩，回来时经过那个垭口，果然风景独好。

拉萨河发源于念青唐古拉山脉中段，是世界上海拔最高的河流之一。拉萨河沿途流经拉萨市的墨竹工卡县、达孜县，最后经过拉萨市，在拉萨

市南郊汇入雅鲁藏布江。拉萨河的干流从东北向西南伸展，是雅鲁藏布江的五大支流之一。拉萨河两岸山峰多在 5000 米以上，山峰之间是平坦的拉萨河谷平原，拉萨河谷平原是西藏土地最肥美的地方之一。拉萨河谷东高西低，拉萨河自东向西流淌，这与我们在内地习惯了的"河水东流"的认知不一样。初到拉萨的人如果通过河水的流向来断定方位就会出现错误。

美丽的拉萨河

拉萨市郊藏族村民的院落

穿过拉萨师专门口的拉林公路，继续向南走是一个藏族村落。拉萨市郊的藏族村落非常富裕，一般都是两到三层的藏族传统风格和现代风格相融合的建筑，大门前挂着彩色哈达，院墙和屋顶都插着经旗、挂着经幡。藏族村落的外面是一个大棚蔬菜种植基地。蔬菜大棚里氧气充足，有些师专的老师在基地里承包了大棚，大棚里除了种菜，还可以做饭，周末的时候就把小孩带到大棚里玩。师专的老师承包大棚不是为了种菜卖，他们只是为了调节课余的生活。

二

只要有时间，下午放学后，我们几位支教老师都会到村子里面走走。

村子里有很多狗，几乎各家的院子都有，野外散着跑的也有。我们对狗始终怀着警惧，但在一段时间的观察后，我们发现那些四处跑着的狗都很温和，很友好，倒是那些被绳子拴着关在院子里的狗挺吓人，只要外面有一点儿动静就会狂吠。据说西藏这边没有狂犬病毒，不知真假。虽然不知真假，但这让我们对村子里的狗多了一点信任。穿过村子，是耸入云霄的高山。四五月份的山坡呈褐色，山顶会有雪，远处的山顶，一直到放暑假的时候还被雪盖着。夏天山上的植被长了起来，微微的绿，我们总是期待着山坡能像内地江南的山坡那样绿起来。但是到了 7 月的时候，山坡依然是褐中带绿，浅浅的绿。那山坡上的绿，一直没有像我们希望的那样浓重起来。五六月的时候，山坡上长出来一簇簇的带着刺的低矮的植物，开出紫蓝色的花，一簇簇的，满山坡，路边也有，很是好看。问当地的藏族老师，他们也不知道这花的名字。苏大的李老师是作文献学的，遇事喜欢刨根问底，他经过一番考证后告诉我，这种植物叫砂生槐。

百度百科对砂生槐有这样的描述："砂生槐为豆科、槐属的植物。小灌木，高约 1 米。分枝多而密集，羽状复叶，总状花序生于小枝顶端，花冠蓝紫色，旗瓣卵状长圆形，子房较雄蕊短，披黄褐色柔毛，荚果呈不明显串珠状，有种子 1—5 粒；种子淡黄褐色，椭圆状球形，花期 5—7 月，果期 7—10 月。产中国西藏（雅鲁藏布江流域）。印度、不丹、尼泊尔也有分布。"

师专校园对面的山让我很神往，刚报到的第二天就望见对面山上的两个紧挨着的山峰之间拉着一条很长的经幡。问藏族老师那山是不是可以上去，藏族老师说没有人上去。若是在内地，城市的郊区有这么一座山，一到节假日山上肯定到处是游玩的人。西藏郊区的山则少有人上去。拉萨城对面隔着拉萨河有一个公园，叫南山公园，南山公园在祖国万岁山的山脚，有一条水泥石阶从山脚一直通向万岁山的山顶。祖国万岁山与布达拉宫遥遥相望，在布达拉宫广场能清晰地看到山上的"祖国万岁"四个字。平时公园里会有许多游玩的人，但去登山的人不多。快要放暑假的时候，我和苏大的李老师去爬学校对面的山，但刚爬几十米就折回来了。山看上去不陡，但很难爬。在西藏，当海拔达到一定高度后，每向上走 10 米都十分艰难。

三

3 月份报到的时候，拉萨师专校园内除了一栋栋现代化建筑和初步固化的水泥路面外，就是砂卵石。没有花，没有草，也没有树。四五月份的拉萨，一到傍晚就刮大风，灰尘砂砾扑面而来。刚上高原，走路本来就容易喘气，风一吹，呼吸就更困难，在内地养成的傍晚散步习惯在这里不适宜。从 4 月份开始，拉萨师专的校园开始了绿化工作。虽然拉萨河谷平原自古以来都是西藏土地最肥美的地方之一，但要种下树并让树成活并不是一件容易的事。种活一棵树要比内地困难许多。一棵新种下的树只有活过了两个春天才算扎下了根。为了让栽下来的树存活，还要不断地给这些树浇水。经过 5 月，到 6 月底的时候，师专的校园里开始有了绿意。绿色是生命的颜色，绿色给校园带来了生机。初到拉萨，绿色的树给我带来清新和安详。在西藏，树很珍贵。据说那曲市的街道上没有树（后来去那曲，证实这话不正确，但在那曲市很少看到活着的树倒是真的）。在那曲，种活一棵树，政府会奖励 10 万元人民币。一位藏族老师告诉我，那曲市的相关科研部门在种树方面投入了大量的物力人力，进行了长时间的高原植树研究。开始是从别的地方移植树苗，结果移植的树苗即使当年能活下来，不到第二年春天就死去了。科研人员又尝试在本地培植树苗，但也没有成功。主要原因，那曲由于海拔高、常年温度低，有很厚的冻土层，且冻土层很浅。

过完暑假，8 月中旬开学回到拉萨师专校园的时候，一切都发生了很大的改观。嫩绿的草坪、娇艳的格桑花、葱翠的柏树、映照着蓝天的池塘……满眼是绿的生机和色彩的流动。虽然拉萨 9 月中下旬就进入旱季，但由于每天都有人工浇水，校园内的草地到 11 月还是绿油油、软绵绵的。听师专的老师说，拉萨在 12 月后常常会下几场雪。拉萨是日光城，从 10 月底开始每天的最低温度虽然都在零下，但只要太阳一出来，空气就很暖和。今年拉萨的气候与以往有所不同，12 月份还没有下雪，天气晴朗，空气干燥。当地的老师说这种情况较少见。

拉萨的春天融入了夏天，夏天湿润高爽；秋天承续着夏天的湿润，走进干燥的冬天；拉萨的冬天是干燥的，不像内地江南的冬天那么湿冷；夏天也没有内地的江南夏天那么炎热。在拉萨生活，除了缺氧气、气压低，体感很好。

3 月份我刚报到的时候，在拉萨师专的校园内只发现一棵生长繁茂的杨树，这棵杨树是在建设校园之前就有的，施工的时候被保留了下来。从校园里只有一棵树到有了几棵树，再到校园的路两边和空地都种满了树和各种花草，我们见证了拉萨师专在拉萨河滩上的绿色变迁。我们期待拉萨

拉萨师专校园的图书馆和教学楼

师专升格本科的工作能顺利开展，成功升格为本科师范院校，更期待升格本科后的拉萨师范学院有更长远的发展，为西藏自治区的基础教育学校培养更多更优秀的师资。

"五一"藏南行

一、出行攻略

3月底从内地来西藏，到现在已经在拉萨生活了一个月，除了不能进行打球之类的剧烈运动、快步走路的时候会有气喘，没有其他的不适，我们基本适应了拉萨的生活环境。于是，大家商量着"五一"期间出游的事。内地来西藏支教的老师，远离家人、同事、朋友，一方面有身负的政治担当和国家责任，另一方面还有内心对西藏美丽风景和独特文化的渴望。西藏的风景和文化对内地生活的人来说具有巨大的魅力。来西藏的这一个多月时间里，我们在布达拉宫前的广场驻足，想象着布达拉宫的神秘；步行于八廓街，想象仓央嘉措和玛吉阿米的故事，了解藏族风俗；跟着手拿转经筒的藏族老人，行走于大昭寺的转经道，了解藏传佛教对藏族人生活的影响；骑着单车穿行于拉萨城的大街小巷，搜寻藏族文化的遗存，阅读西藏的历史；吃过美味的藏餐，喝过香浓的酥油茶，咀嚼过藏族老师送的奶渣。在不长的时间里，初步领略了西藏风景的美丽、感受到藏族文化的神奇、了解了中华民族文化融合的历史……然而，西藏的大美不只在于拉萨，拉萨只是西藏大美的缩影。在西藏，最美的风景是在路上，"五一"

假期，我们计划到西藏的路上走一走。

苏州大学文学院来的李晨老师是古典文学博士，研究明清诗歌，著有《风雨鸣鸡识此音——汪荣宝诗歌论稿》，他在苏大时给本科生教授民俗学课程。李老师是一位旅游爱好者，经过几天的攻略，他帮助我们规划出几条出游线路，最后综合时间、身体、安全、经济等因素，我们确定了一个藏南出行计划：

第一天：拉萨——泽当（桑耶寺、雍布拉康）；

第二天：泽当——勒布沟（拿日雍措、勒布沟）；

第三天：勒布沟——措美——洛扎（卡久寺）；

第四天：古碉楼群——色乡（赛卡古托寺、洛卓窝隆寺）——白玛林措；

第五天：洛扎——普莫雍措——浪卡子（羊卓雍措）——拉萨。

藏南是藏文化的发源地。桑耶寺是西藏的第一座寺，乃东区昌珠镇扎西曲登社区是藏戏第一村，距离泽当镇十二公里的雍布拉康是西藏第一座宫殿，松赞干布统治的中心最初在山南……山南有许多藏族文化的第一，了解藏族文化和西藏的历史要从山南开始。

二、藏文化的发源地

5月1日。

早上8点半出发，到拉萨市区的边防大厦办理边境管理区通行证。假日到边境旅游的人多，一直到中午11点多我们的通行证才办好。拿到通行证，我们就沿着拉萨河，驱车向山南。拉萨河在拉萨市西南的曲水县与雅江交汇处，沿途风光优美，由于是向下走，海拔越来越低，感觉也越来越舒服。进入山南境内看到许多沙滩、沙丘、沙坡。司机介绍说，山南的风特别大，山坡有许多地方是裸露的，雅江两岸的河滩上种着一些低矮的树，有的地方树连成片。

桑耶寺是我们此次旅途的第一站。桑耶寺位于西藏自治区山南地区的扎囊县桑耶镇境内，雅鲁藏布江北岸的哈布山下。从拉萨到山南泽当的途中，要经过桑耶镇。桑耶寺建于公元八世纪中叶，是当时的藏王赤松德赞迎请印度佛学家静命和莲花生大师共同修建的佛、法、僧俱全的寺院。桑耶寺的建筑布局按佛教宇宙观的形式，中心主殿代表须弥山，糅合了汉、藏、印度民族风格而建。四周以四大洲、八小洲、日月殿以及四种佛塔等建筑环绕。

乌孜大殿是桑耶寺的中心主殿，环绕着主殿有白、红、黑、绿四种不同颜色的佛塔各一座，分别位于大殿的西北、东北、东南、西南四角。寺中主殿内有许多精美的壁画。藏族作家丹增在《生日与哈达》这篇文章中说，桑耶寺中供奉的千手千眼观音就是他父亲手塑的。我们去桑耶寺参观的时候，寺内正在维修，主殿封闭，游客和信徒都不能进去。我们以四座寺塔为参照，在寺内参观。进桑耶寺，藏族人是不需要买门票的，但是汉族人需要买门票。这是西藏许多寺、宫的惯例。佛教文化有其独特的教理，信教者有其发自内心的宗教虔诚，这种虔诚，佛教文化之外者较难理解。来桑耶寺的游客，多是出于对藏族文化和西藏历史的兴趣、好奇或学术研究的目的。民族融合与文化认同需要有对民族文化的尊重，作为外来

桑耶寺的佛学院入口

雍布拉康

的参观者或研究者需要尊重当地藏族居民的文化信仰，遵守寺内的规则。我们虽然没有佛教信仰，也没有多少藏传佛教的知识，但我们会以理解和尊重看待我们遇见的藏地文化现象。文化认同的前提是文化理解和接纳，作为一名文化研究者，首先要站在文化持有者的立场上看待他要研究的文化。

桑耶寺内有一座佛学院，游客可以进到佛学院里面。我们去的时候，刚好赶上佛学院的寺僧们进行功课。我们在旁边看着他们一个一个陆陆续续地从各自的僧舍出来，聚集到一进佛学院大门的空旷院子里，院子里长着高大的柏树，院子的地面由大小均匀的鹅卵石铺成。喇嘛们在柏树下或坐或立，或相互辩论，或手捧佛经。我们不懂藏语，不知道他们在读什么、说什么，但能感觉到他们在很投入地讨论他们的"学术"问题。他们的"学术"在他们的心中一定很有趣，他们一定是很虔诚地对待他们的"学术"。西藏的佛学院也有学位，最高学位的获得很难。我曾经在大昭寺门口看到一位被授予最高学位的喇嘛手捧证书接受信徒的膜拜。

我们在桑耶寺停留了两个多小时，体验了一下佛教文化，了解了一段西藏的历史。下一站是山南的泽当镇。

泽当镇位于雅砻河与雅鲁藏布江汇流处东侧，"泽当"藏语意为"猴子玩耍的坝子"，属山南市乃东区。距拉萨城约 200 公里，距贡嘎机场约 90 公里。山南市属于地级市，泽当是山南市市政府所在地，泽当城整洁干净，一派新建的气象。看上去，泽当的建筑风格与拉萨的建筑风格有很大不同。泽当的建筑，现代科技的元素更多一些；拉萨的建筑，藏族传统的元素更多一些。泽当海拔 3500 米，五月的泽当镇，一片新绿，氧气充足，呼吸畅快。

到达泽当后，我们直接驶向雍布拉康。雍布拉康是松赞干布和文成公主的夏宫，在半山腰上。地势险要，视野开阔。"雍布拉康"在藏语中意为"母鹿后腿上的宫殿"。因宫殿所在的山像一只侧卧的母鹿，宫殿刚好建在母鹿的后腿上，因而得名"雍布拉康"。宫殿建于公元前 2 世纪。远观雍布拉康，雄伟壮观。山脚有一个大型的停车场，很多石子组成的一条"之"字形石子路通向山顶大殿。汽车可以开到山顶，但游客的车子不能开上去。去山顶的路上有一口圣泉，有藏族人和游客在圣泉接圣水。

站在大殿门口向下望，整齐的田地，笔直的公路。地中已长出新绿，公路两旁的树木披上了绿色。大殿耸立在高高的台阶上，上大殿的台阶既窄且陡，只容一人上下。我们上大殿台阶时小心翼翼，生怕失足跌下台阶。殿内供有松赞干布、文成公主等人的像。宫殿后面的山上挂满了经幡。几位藏族妈妈问我们是不是要在山上挂经幡，说挂经幡会有好运，可以写上自己的名字，她们帮助我们把经幡挂到山上去。

藏戏第一村扎西曲登社区就在从雍布拉康去泽当镇的路上。路边的山石上有藏戏的雕塑。一条笔直的公路通向村子。一进村就是村委会的办公楼。办公楼前有一个很大的广场，广场前的宣传栏上除了党的政策介绍，就是对藏戏的介绍。村子里平常会有藏戏的演出，我们去的那一次没有赶上。村子干净整洁。村子里有一座规模比较大的寺，我们进到里面，但没有看到寺僧。

当晚住在泽当镇。吃过晚饭，沿着一条穿过泽当城的小河散步，微风轻拂，两岸树影，河中水声，远处广场上锅庄舞音乐曼妙轻盈，藏族文化，高原风情，一片夜晚的祥和宁静。

三、勒布沟和门巴族

5月2日。

早上9点从泽当出发，出泽当城，朝藏戏第一村、雍布拉康方向，前往勒布沟。泽当的5月与拉萨的5月相比，季节要来得早一些，虽然海拔相差不大，但泽当城空气中的水分更多，氧气更足，有更多的绿意。一路行去，两边的树叶已舒展开，田地里的青稞苗已出土。此时的拉萨城郊，田地里还没有绿意，青稞的种子还在泥土里孕育。

出城大概四十多公里便到了海拔 5025 米的亚堆扎拉山垭口。我们将车停在垭口，下车来到路边。这是来西藏后第一次站在海拔这么高的地方，这对我们来说是一种好奇、一种高海拔体验，也是一种挑战。身体虽有点不适，但无大碍。天阴，山上在下雪，风很大，有来自心脏和血管的压力而产生的高原刺激感。亚堆扎拉山垭口旁边就是西藏四大神山之一的雅拉香布大雪山。山下有一个很大的湖，湖名"拿日雍措"，是西藏有名的圣湖。由于天阴，天上有灰色的云，眼前的拿日雍措湖面也是灰色的，不是传说中描述的那种蓝玻璃的颜色。西藏的湖色受天空中光线的影响大，晴天的湖水变幻多彩，阴天的湖水多呈暗色。公路从湖边经过。我们停车，下车走到湖边。湖边风更大，站在湖边，风吹在身上，极冷，我感觉有点喘不上气，很快回到车里。同行的另外两位老师比较年轻，又比我早到西藏十多天，他们对高原有较好的适应力。看到他们离开公路，爬上临湖的那个山坡，高海拔的风景让他们兴奋。我和司机在路边的车里等他们。

过了拿日雍措，就进入措那县。措那县的县城不大，几排简单的建筑，公路穿县城而过，规模没有内地南方的一个乡镇大。措那县城到勒布沟沟口波拉山只有 15 公里。出县城要通过一个边防检查站。在过边防检查站的时候，一名值班的边防战士拿着我们的身份证，问哪位是南京来的。我以为出了什么问题，就举手和他打招呼。边防战士说他是南京溧水的，原来是我们可爱的边防战士见到了他内地的老乡！在西藏的边境线上，遇见内地来的老乡，是小概率事件，我们都感到很亲切。边防战士常年驻守在海拔 4300 多米的边境小城，要克服身体上、心理上、生活上的许多困难。这让我们从心中敬佩边防军人的坚强毅力，他们的坚强毅力来自肩上保卫祖国的责任，他们手中紧握着钢枪，心中装着军人的誓言。

波拉山顶的美不是那耸入云霄的雪山，而是山顶的几个小湖。去的时候是阴天，我们在车上没有注意到湖水的美，第二天返回时是晴天，在太阳的映照下，我们都被山顶的几个小湖惊艳。湖水倒映着山顶的雪山，如镜子般清澈晶莹，是名副其实的天池。

勒布沟是门隅地区的中国控制带，西边是不丹王国，南边是达旺地区。从高寒的世界屋脊一下子降到亚热带湿润地区，惊险刺激却又充满审美愉悦。"勒布"藏语意为好的地方。下山的路修建在悬崖上，有数不清的"拐"。第一次坐车走这样的路，人在车上，车在路上，路挂在悬崖上，颠簸失重，心惊肉跳。另外两位老师已有了几次类似的坐车经验，很平静。开车的司机三十岁不到，中学时就跟着父亲在西藏生活，起初在拉萨的一家旅游公司上班，后来挂靠旅游公司跑个体旅游车，他对西藏的环境很熟悉，经常跑珠峰、阿里方向，每年都要跑几回青藏线，有丰富的高原驾驶经验。安全是有保障的。在西藏旅游，出行安全是我们第一要考虑的问题，尤其是像我这样五十多岁的人。五十五岁，在西藏的支教老师队伍中，属于高龄教师。

蓝天、雪山、奇峰、峡谷、溪流、瀑布，从高寒草甸到热带、亚热带植被，景色变幻，色彩斑斓，心灵伴随着车外的风景放飞。从山顶4000多米的海拔，一下子降到山脚不足2000米的海拔，这是内地旅游不曾有的体验。

快到谷底的时候，有一个很隐蔽的山谷，1962年张国华将军指挥对印自卫反击战的指挥所就在这个山谷

勒布沟1962年对印自卫反击战纪念馆

里。指挥所设在山洞中，山洞外面搭建了一个简易的竹屋，竹屋里面有一张桌子和一把椅子，桌子上有一部老式电话。顺着山谷往里走是对印自卫反击战纪念馆。纪念馆门口的小广场上高高的旗杆上飘扬着一面五星红旗。纪念馆内陈列着这段历史的珍贵图片和实物，有解说员对实物和图片进行讲解。

快到勒布沟谷底的时候，有一个建设得很美丽的乡村，叫门巴族麻玛乡，成排的二层民宿沿着沟谷和山坡分布。我们尝试在村里找一个住宿的地方，但由于是假日，人多，全部酒店都住满了。我们又尝试在附近寻找到住宿的地方，结果都是客满。后来一位勒布沟的地方干部听说我们是内地来的支教老师，就帮助我们联系勒门巴民族乡的一家门巴族村民开的民宿。我们又向勒布沟沟底走了十几公里路，到了勒门巴民族乡。乡里驻扎有部队，部队的营房就扎在村子的街道上，远远地可以望见山顶上的边防哨所。山的另一面是印度控制的达旺地区。勒布沟山谷的河水流向印度河。当晚我们住在一个门巴族村民家里。男主人自我介绍，说他和爱人都是中国共产党党员，他家里的墙壁上挂着党和国家几代领导人的像。我们聊天的时候，他说现在门巴族村民的生活有了很大改善，医疗、养老、小孩上学都得到政府的关心，有了保障。他们现在住的房子是政府帮助建设的联排四层小楼。晚上，在村子里的

政府帮助修建的门巴族村民的住房

广场上有村民们围着篝火跳锅庄舞。我们在祖国的边境线上的山村里体验着门巴族的文化。

"门巴"意思是"生活在门隅的人"。门巴族的民族语言为门巴语，门巴语无本民族文字，通用藏文。门巴族主要分布在西藏自治区东南部的门隅和墨脱地区，勒布沟是门巴族的主要聚居区。巧的是，来西藏第二学期的"十一"假日，我们去墨脱游玩，由于没有事先预订旅馆，到了墨脱县城后也是家家旅馆客满，找不到住宿的地方，正准备夜宿于车上时，经人联系，来到距离墨脱县城约 12 公里的德兴乡，在雅鲁藏布江果果塘大拐弯处的一个边境村落找到一家民宿，民宿的主人也是门巴族。门巴族的文化风俗与藏族有许多相似的地方。

四、洛扎峡谷和卡久寺

5月3日。

今天去卡久寺。

早上 9 点多钟离开勒门巴民族乡，沿着昨天来的路往回走。虽然是同样的风景，来时和回时视角不同，风景也不一样，一路上我们欣赏着来时欣赏过的风景。车行弯道，总感觉上坡要比下坡安全，这可能是一种错觉。回来的路，感觉快了许多，不一会儿就到了波拉山的山顶。昨天来的时候天上有云，山顶上的几个小湖和雪山并没有显出其特异的美；今天回去的时候，天空有阳光，湖面平静如镜，雪山如刀切，线条笔直，轮廓清晰，倒映湖面，澄明透彻，颜色干净，心灵随之净化，不舍离去。

翻过波拉山，我们取道措美。去措美的路上，经过一座海拔 5300 米的山，忘记了山的名字，印象只是险峻。这是我入藏以来最高的海拔体验。司机走的是一条小路，高寒草甸，下着雪，山坡草甸间偶尔能发现一些高原小动物，司机说，这样的地方会有棕熊和高原狼出没。很长的一段

波拉山顶的山峰湖泊　　　　　　　　早晨的卡久寺

山路都没有手机信号，属于高原无人区。

措美县的县城是一个新建设的高原小城，街道很宽，布局很整齐，街上风大，空气中弥漫着灰尘。到达措美县城时是下午1点多钟，我们在街道找了一家清真面馆，用完午餐，继续前行。

措美的自然风景不同于拉萨。路两边的山石风化得很严重，河谷里面水土流失也很严重，从山坡到山顶全都是一道道风雨侵蚀的痕迹，似人手的抓痕。措美县是安徽省援建的对象。快进措美县城的时候，看见几座土碉楼的断墙，土碉楼是藏族文化的遗存。土碉楼的旁边是正在施工的工地。我们在接下来的行程中，还发现许多古碉楼的遗迹，有的是土筑，有的是石砌。经过岁月风雨的侵蚀，多数碉楼已经破损，但是也有的碉楼保存得相当完好。碉楼所处位置都非常险要。碉楼多是当时藩王或部落头领为守护领土而建的。通过碉楼，我们仿佛听到古藏地传来的战鼓声，仿佛置身于古战场的刀光剑影，滚滚烟尘。历史的声音湮没于漫漫时间长河中。

从措美到卡久寺要翻越好几座大山，路依山而筑，大都是建立在峭壁上，仰头绝壁，俯首深渊，稍有不慎，车毁人亡。其险峻程度比李白笔下的蜀道不知要险多少倍。对面的山路可以举目而视，但车子开过去要走好几道山谷，行几十公里。对有恐高症的人来说，在这样的路上行走是挑战；对从内地平原地区来的人说，也同样是挑战。从山腰下到谷底，就是著名的藏南大峡谷。"洛扎"为藏语"南部大峡谷"的意思。这条峡谷在我国境内有 100 多公里。谷底有一条河流，顺着谷底的河流和峡谷，有一条古道，可以进入不丹境内。车子从一个岔路口拐入峡谷，峡谷一边是河流，一边是万仞绝壁。路面上散见一些小块的石头，司机说这些石头是刚从绝壁上落下还没有来得及清理的山上落石。峡谷怪石嶙峋，奇峰突起，一会儿巨石挡道，一会儿急坡直下。天空一线，白昼如同黄昏。风景绝美，感受奇险。车行峡谷中，我仿佛走在一个危险地带，头顶的千丈悬崖随时都会有落石的可能。好在司机经验丰富，他能够对可能出现的危险进行预判。坐在车上想着回来的路，总担心回来时某个地方会有塌方，把路阻断，心中默念千万别出意外，让我们平安回到拉萨。

中午到达洛扎县拉康镇。拉康镇地处洛扎县东南部，南面与不丹王国接壤。卡久寺就在拉康镇后面的山上。在镇上找了一家家庭旅馆住了下来，吃过饭，我们去了卡久寺。

沿着山路盘旋而上，上到山顶就到了卡久寺。卡久寺兀立于一座突出的山顶，三面万丈绝壁，远望如空中楼阁。卡久寺对面山峰背后属于不丹，寺外的山坡上有各种珍奇的鸟儿，其中有一种鸟是不丹的国鸟——九色鸟。围绕寺的周围有一条转经道，从寺门口出来，向右走下到谷底，是一条转山道。每天早上天刚亮的时候就有住在宾馆的藏族人下去转山，转山时由卡久寺里的喇嘛带队。转山一次需要大半天的时间。卡久寺转山，不能一个人单独行动，不熟悉路的人容易迷路，且山上有棕熊等猛兽出没。寺内建有一家条件不错的宾馆，供游客和转山的信徒住宿。卡久寺建于 1570 年，是莲花生大士的隐修圣地之一，隶属宁玛派。

参观完卡久寺，李老师说他要住在寺中的宾馆，深度体验藏传佛教的文化，我们另外三人下山回到拉康镇的藏族村民开设的个体旅馆。个体旅馆的老板，汉语说得不流畅，但通过手势的比画可以交流。镇上的藏族村民每家都有一个小院子，院子的角落里有一个塔形的香炉，香炉是藏族村民用来燃桑烟的。小镇的早上，空气中弥漫着桑烟的香味。"桑烟"一般用柏属植物细枝和叶制成，称为柏香。藏族人认为桑烟可以去除秽气，凡是不干不净的身和物都要用柏香熏后，才能清净。每天早上燃起桑烟是拉康镇藏族村民们的习惯，桑烟给他们的生活带来一天的干净吉祥。

五、色乡和白玛林措

5月4日。

上午从卡久寺所在的边陲小镇拉康出发，车行五个小时到达洛扎县色乡。"色"在藏语中是"哥"的意思。色乡也是一个边境小镇，山那边是尼泊尔。我们去时，色乡街道正在修建。整条街道就像一个建筑工地。色乡有两座寺，一座是赛卡古托寺，一座是洛卓窝隆寺。前者在街道上，后者在山坡上。赛卡古托寺寺门向东，东西长98米，南北宽48米。寺内正中有一座九层高的大殿。赛卡古托寺也称"九层公子塔"，该寺建筑风格独特，在佛教建筑史上有着重要地位。寺内建有从一层到十层的楼梯，但楼梯没有扶手。寺墙外的一周是转经筒。洛卓窝隆寺规模很大，占满了整个山坡，有好几处大殿，每处大殿之间都有一段较远的距离。作为游客，我们感兴趣的主要是寺的建筑特色和外部风景。由于缺少佛教的知识，对各教派及其教理不了解。

下午离开色乡，前往白玛林措。

白玛林措位于洛扎县色乡措玉村白玛林沟。许多游客到白玛林措都是带着氧气瓶的。去白玛林措的路很难走，离开洛扎峡谷的主公路后，先从一条山坡上新开出来的土石路翻越一座山，再下到山背后的河谷，就是白玛林沟。新开的土路很窄，路边没有护栏。车子行进的过程中，我们总是担心前面会有车子过来。司机要一直鸣喇叭。真是不巧，在一个悬崖转弯的地方，前面从坡下开上来一辆越野车，是刚从白玛林措方向开回来的。

为了安全，司机让我们下车，他一个人小心地与对方错车。我们站立路边，一边观察一边指挥。几分钟后，成功错车，两辆车子安全通过危险路段。下到山谷，沿河而上，经过一个藏族村庄，向上走几公里就是白玛林措。村庄入口处有藏族村民收管理费（环境保护费）。经过村庄时，一群藏族小孩站在路边向我们挥手微笑。走出藏族村庄，进入视野的是一大片开阔的鹅卵石滩，从村庄一直到湖边。离湖大概三四百米的地方，路被一道栏杆拦住，车子只能停在停车场里，去湖边的路需要步行。我在停车场里看到一辆苏 A 牌照的车，倍感亲切，走过去跟车主打招呼，车主说他是南京迈皋桥的，在西藏做特产生意。

我在停车场聊天的时候，李老师他们已迫不及待地前往湖边了。由于海拔高，雪天路滑，只能缓慢地行走。

白玛林措处于雪山包围之中。湖水由远至近变换着蓝、白和绿等不同的色彩。我们去的那次，山南地区刚下过雪，四周山上有积雪。西藏的湖水，夏季都非常蓝，白玛林措也一样。夏天，白玛林措周围的山坡上会开满各色野花。由于"五一"长假，白玛林措的游客比较多，大多是去西藏深度游的，有些还是很专业的登山爱好者，带有专门的登山装备。我站在湖边，一位登山爱好者吃惊地看着我的着装，问："您就是这样来登山的？"我微笑相答，心里还有一点儿非专业的自豪感。

白玛林措海拔 4600 米，不算太高，但湖边缺氧，易发生"高反"。我们在白玛林措停留了一个多小时，然后原路返回。回来的路上，我们体验着同样的高原山路的惊险。

白玛林措留影

当晚住在洛扎县城。

六、回到拉萨

5月5日。

今天回拉萨。洛扎县城距离拉萨近 300 公里，有五六个小时的车程。由于公路上区间限速，司机一路上走走停停，我们也一路欣赏着风景。路上要经过好几个垭口，都在 5000 米左右。其中有一个垭口 5295 米，是这几天来经过的最高的垭口。由于连续几天的高海拔行程，身体感受到很大压力。

回拉萨的路上有两个著名的高原湖泊：普莫雍措和羊卓雍措。

普莫雍措位于西藏山南市浪卡子县城东南方向，是洛扎县和浪卡子县的交界处。头两天刚下过一场雪，远处的雪山、近处的平原，雪白一片，天地一体，湖光山色，雄伟壮观。湖边建有一个宾馆，叫 5070 宾馆，临湖而建，与美丽的湖光山色不太协调。湖边山坡上有一个藏族村落，村口的路牌上写着"堆瓦村"，这是世界上海拔最高的行政村落之一。紧挨着村落，临湖有一座寺。寺院红墙与远处的雪山、近处的湖水相映成趣。我们去的那天，寺门是关着的，只能从外面观看寺的景象。普莫雍措的空气含氧量只有内地空气含氧量的一半，越接近水边，空气的含氧量越低。藏族居民世代能在这里生活，是很神奇的事情，就像藏族文化的神奇一样。千百年来，他们生活在冰山下、圣湖边，他们的基因中已融进了雪山圣湖的因子。普莫雍措尽头是库拉岗日雪山。沿着普莫雍措南岸的一条土路一直向西可到达 40 冰川。40 冰川是生命禁区。近几年，40 冰川禁止游客进入。

在藏语中，"普莫"意为"小姑娘"，"雍措"意为"像碧玉的湖"。开车的司机说，普莫雍措冬天的湖水结冰后呈蓝色，蓝冰很美，人可以在冰面行走；湖边有堆积的冰浪，宛若童话世界。十月份第二次去普莫雍措时，景色与第一次有很大不同。远处依然是雪山冰川，但湖水的蓝让人的整个身心沉静下来。湖边是干净的细沙，湖水清澈透底。

离开普莫雍措，在浪卡子县城的一家面馆吃过中饭，驱车返回拉萨。途经羊卓雍措。

羊卓雍措又称羊湖，是西藏三大圣湖之一。羊湖湖面海拔 4400 多米，景色绝美。但由于连续几天都在海拔 4000 米以上地区活动，身体透支大，到羊湖时，身体高原反应变得严重起来，同行的另外两位老师去湖边欣赏风景，我只能坐在车子里休息，盼着他们快些回到车子上来，早点驶下山。"高反"的感觉很无助，别人不能给你多少有益的帮助，只有安静地等待，快些离开高海拔地区。在西藏一年的生活中，明显的"高反"症状还出现过一次，是在拉姆措的圣象天门。

同行的李老师走过三次羊湖，第一次是 3 月中旬，第二次是"五一"，还有一次是下半年的 11 月中旬。他说每一次的湖水颜色都不一样。

羊湖边上有好几个藏族村落，公路上牦牛自在随意地行走，车子需要小心地避让。村落背后是山，前面是湖，时有白塔点缀于村头，给人田园牧歌的印象。或许这就是藏族人的生活，对自然充满亲近、热爱和敬畏，也将自己的生活化作自然的一部分。

离开羊湖，翻过岗巴拉山就是曲水县。相较于勒布沟、洛扎峡谷的"天路"，翻越岗巴拉山的路虽然依旧险峻，但坐在车上没有心惊胆战的感觉。曲水县距离拉萨城有六十多公里。藏族人多不吃鱼，曲水县的俊巴村是拉萨地区唯一的渔村，村民以捕鱼谋生计。

"五一"藏南行，一路惊险，一路美景，体验藏族文化，了解西藏历史，感受国家的富强。一种从未有过的人生体验。这种体验融入自己的教育生活，将成为一种积极而强大的教育力量。

拉萨师专驻村点

一

西藏的天气多变，昨天下午还是朗朗晴天，傍晚就突然来了一阵狂风，夹着雨。风很烈，雨很大，冰雹打在建筑上、地面上，啪啪地响。第二天早上起来，发现学校周围的山顶上都戴上了一顶雪帽子。阳光的映照下，远处的山顶金光四射，日照金山，雪光天光相互映衬，甚是美丽。校园里有许多老师、学生在拍照，他们要把这美丽的风景留在相册里。今天是 2021 年 9 月 18 日，拉萨的雪来得早，且没有规律。

今天要跟拉萨师专党委书记到尼木县麻江乡看望学校派出的驻村老师。尼木县地处西藏中南部、雅鲁藏布江中游北岸，距拉萨市近 200 公里，系前藏、后藏的结合部。尼木县出产藏香，尼木藏香是西藏最好的藏香。尼木县蕴藏着丰富的黄金等矿藏，但由于国家的生态保护政策，矿产禁止开采，脱贫之前的尼木县流传着"捧着金饭碗讨饭"的俗语。尼木县是拉萨市最贫困的一个县。不抛弃每一贫困户，不放弃每一贫困村，"全面小康路上一个也不能少"，2018 年 9 月，尼木县实现整体脱贫摘帽。助力脱贫是援藏干部和拉萨市各市直单位派出驻村干部的主要工作。当地驻村干部的工作任务很繁重，工作压力非常大。尼木县的吞达和达琼两个村是拉萨师专的驻村点，驻村点的干部由拉萨师专选派老师轮流担任，一个驻守期为一到两年。驻村期间，除了生病和休假，一般情况下不能离开驻村点。

吞达村村民的院落

吞达村属于吞巴乡。吞巴乡是藏文创始人吞弥·桑布扎的故乡，也是全区专业藏香制作乡。村里的旅游业发展得很好，藏族传统手工业发达，村民们都非常富裕。尼木藏香工艺 2008 年被列入国家级第二批非物质文化遗产名录。尼木藏香具有祛病除灾、促进人体新陈代谢、增强免疫功能、养神益智的功效。内地来西藏的人一般会把藏香作为纪念品或礼品带回去。尼木藏香的主要原料是柏木。尼木藏香的制作有很多道工序。第一道工序是将粗大的柏木锯成小段，然后将这些锯成小段的柏木借水力在石板上摩擦，把柏木段磨成柏木泥。第二道工序是把磨好的柏木泥和各种香料一起调拌均匀。香料通常是以几十种藏药合制而成，不同的香料有不同的味道和颜色。第三道工序是成型。把混着各种香料的木泥放入牛角，再挤出来。藏香可以根据市场需要制成各种形状。最后一道程序是晾晒，要在阳光充足但温度不高的地方晾晒，晾晒的时间不能太长，否则会断裂。

我们在吞达村委会讨论完工作后，村干部带着我们到藏香村参观。村

尼木县藏香专业制作户

借助水力磨细的柏木泥

子在一个山坡上，远望去，一片繁茂的树林。一进村就听到潺潺的水声。循着水声，看到一条水流很急的小溪从山上面流下来，流出村口。小溪边每隔十几米就会有一架水车在那里有节奏地不停转动，有点像我们内地南方小孩子喜欢玩的水车。起初我以为这是村里为开发旅游布置的一个景点装饰。后来听驻村点的老师解说，才知道这是制作藏香的第一道工序。这道工序与内地南方手工造纸的头一道工序差不多。手工做纸的第一道工序是将做纸的原材料砸碎碾细，制成纸浆。我父亲是手工造纸的师傅，我小时候，父亲在纸厂干活，我们小孩经常在旁边玩，因此我对手工造纸的工序很了解。在对自然力的利用这件事情上，不论哪一个民族，都有相通的智慧，每个民族都会借助自然的力量提高劳动效率和生活质量。站在吞达村的水车边，我的思绪回到了自己的童年时代。

达琼村是拉萨师专的另外一个驻村点，属于麻江乡。"麻江"系藏语，意为"纯酥油"。麻江乡位于尼木县北部，北与班戈县、当雄县相连，西与南木林县交界，平均海拔 4500 米，一年四季都刮大风，冬天经常大雪

封村。麻江乡是尼木县唯一的纯牧业乡。达琼村的经济发展比较落后，村民们以放牧谋生，加上草场面积不大，每年还有一些草地要休牧，畜牧业资源有限，村民收入不高。我们在与村干部们交流时，讨论的主要问题就是牛奶销售。由于交通不便，饲养没有上规模，牧民们生产的牛奶销售不出去，牧业产品不能转化为经济收入。与我们同去的还有一位拉萨市电信公司的领导，与当地乡政府商谈电信基站建设的问题。在西藏，无线通信，电信和移动占的份额大，尤其是电信，信号几乎能覆盖西藏全域。物流快递方面邮政占的份额最大。在一些非常偏远的地方，一般的物流公司都到不了，中国邮政却能到达西藏的每一个角落。珠峰脚下的绒布寺邮政所是世界上海拔最高的邮政所。偏远的边境地区的村庄和哨所，都设有邮政所。

珠峰脚下绒布寺邮政所

二

我们9点钟从拉萨师专出发，车子开了近三个小时，到达吞巴乡吞达村。汽车径直开进了村委会大院，师专驻村点的老师早就在那里等候着我们。另外还有几名当地的村干部和一些村民，村干部站在外面迎接我们，村民们静静地坐在村部会议室里。师专去的藏族教师布多给当地的藏族村民宣传党和国家的政策，布多老师讲课用的是藏语，村民们都怀着虔敬的心坐在座位上，望着讲课的藏族老师，认真地听着藏族老师讲课。师专余书记和我们几位援藏老师与村书记就驻村工作的情况进行交流。今年师专有两位老师在吞达村驻村，其中一位老师任驻村第一书记，现因病请假，回到了拉萨。另一位老师在这里进行驻村工作。

驻村老师说，他们的工作任务很重，要做的事情很杂。除了上级文件下达、政策宣传、数据汇报、帮助发展当地的经济，还要做许多具体琐碎的工作。村子里哪个地方的自来水断了、哪段道路坏了、哪个路段的山崖有落石危险、哪个地方通信网络不好……大事小事，驻村干部都要管。我们去的时候，村里正在进行山地确权登记，为了不发生错误，避免后来产生矛盾，驻村干部要一户户地核实，藏族村民有很多是同名的，驻村老师又不认识藏文，这就更增加了工作的难度。疫情期间，学生不能到校上

在琼穆岗日雪山下朗堆村藏族牧民的家中

钟老师和藏族大姐的儿媳、孙子合影

课，驻村干部还要给村里的学生打印教材、作业，帮助孩子解决网络不通畅的问题。藏族村民对政府非常信任，认为政府是他们的依靠，村民只要一遇到困难就会向村干部寻求帮助。驻村老师的工作确实艰苦，也正是由于艰苦，他们才获得了当地藏族村民的信任，与他们建立了浓厚的感情，受到了情感的接纳，得到了价值的认同。

与我们一同前往吞达村的拉萨师专财务处的钟老师，二十多年前是吞巴镇的一名驻村干部。她当时在琼穆岗日雪山脚下的一个自然村驻村，这个自然村海拔近 5100 米。离开驻村点都快十多年了，她还牵挂着村民们。当时村里的条件很差，公路没有修好，路很难走，一到冬天就会大雪封村。当时没有自来水，没有通信信号，她指导村民修建自来水管道、架设电话线杆。吃住和工作都在村部。村民对她非常信任，也很照顾。下面这段文字是钟老师对当时驻村生活的回忆：

"我 2012 年在距离吞巴镇 80 公里的朗堆村驻村。距尼木县城有 60 多公里，这个村子就在现在的风景区琼穆岗日雪山脚下。那时候从县城到村里，路没有修好，60 多公里的路开车要走两个多小时。

"朗堆村海拔 5100 米，一年似乎只有准冬季和冬季，春季来临的时候风很大。海拔高处的风和别处的风不一样。我终于明白了，那里的姑娘和妇女为什么一年四季都会用围巾包裹着自己的头发：围巾可以遮挡烈日和高原的风。朗堆村夏季很短，就像云般随风飘过。

"朗堆村随心所欲的天气，让人备感新奇，山脚下着雨，山上大雪纷飞。

"刚到村里的时候，吃的是湿地的地表水，牧民家家户户都饮用这样的水。牧民家里的牛羊就像自己的孩子，和主人在同一个地方饮水。

"驻村后我第一个认识的人是给我们背水的妇女普珍，她清瘦的脸，皮肤黝黑，笑起来牙齿很白。她一天背一次水，用那种口部有挂耳的大塑料桶，绿色的。一桶水很沉，我试背过，蹲在地上最终没能背起。这让我有了要帮助村民们解决饮水问题的想法。我联系了尼木县水利局，在水利局的帮助下，从琼穆岗日山下把泉水引流下来，再接到牧民家里。

"十多年前的朗堆村没有电话信号，村里对外联系困难。我与中国电信尼木分公司联系，在村里建了一个小基站，这样接打电话不用再找信号了。

"我与普珍一家的友谊也是那时候建立起来的。为了帮助高海拔分散居住的几户牧民搬迁到相对海拔低的村委会附近安家，我们逐户走访，帮他们选地方盖房。看到新建的家，新围的牛羊圈，看到他们露在外面洁白的牙齿，我们内心充满喜悦。

"驻村生活很艰苦，但这段生活是人生的美好记忆。"

我们离开达琼村去琼穆岗日雪山，回来的时候，钟老师让司机在雪山脚下的朗堆村停下，她要去看望当年照顾她的藏族大嫂。在征得她同意后，我跟着她来到牧民家里。钟老师敲了敲院子的门，屋子里出来一位年轻的藏族妇女，还有一个三四岁的小孩，小孩拉着她妈妈的衣角。钟老师向年轻的妈妈介绍自己是当初在这里的驻村干部，今天单位有事，路过这里，特意来看望一下当初驻村的藏族大姐。那位藏族妇女说她是这家的媳妇，她丈夫放牧去了，她婆婆今天去了拉萨。钟老师说，这位年轻妇女的丈夫就是藏族大姐的儿子，当时她在这里驻村时，他还是一个小孩。钟老师对年轻妈妈说她是来看她婆婆的，并拿出 1000 元钱递给这位藏族妇女。藏族妇女把我们让到她的家里去。藏式家具布置，屋子有点凌乱、简陋，屋子中间烧着炉子，很暖和。还有一个一岁左右的小孩，正在床上睡觉。这是我第一次走进藏族牧民的家里。

在藏区，"不忘党恩"是一句经常能听到的话。"党恩"就是靠钟老师这样的党员、干部以具体的行动建立起来的。

三

从吞达村出来，到达琼村时已是下午 1 点多钟。藏族村民们已等候在村委会门口的广场上，与我们一同去的旦增格桑老师一到村委会就开始给牧民们讲课，宣传党的政策。旦格老师几年前也曾经在这里驻村两年。有一次旦格老师和我聊起当年的驻村生活，他兴味十足，到现在还能看出他对当年驻村生活的激情。条件艰苦，但心情快乐。那雪山、牧场、传说、原味的民族歌舞，一切都是满满的回忆。旦格老师爱好音乐，经常创作歌曲，驻村点的生活给了他许多音乐创作的素材。去年年底旦格老师在他的微信朋友圈发了一首他根据当年琼穆岗日雪山脚下驻村生活创作的歌曲《定格》。歌词是这样的：

　　那一夜，你从我梦中踏歌而来
　　诉说着琼穆岗嘎爱的誓言
　　在麻江 ① 无垠的草原上
　　轻歌曼舞

　　哦！琼穆 ② 啦
　　哦！女神啊
　　曼妙舞动定格爱恋
　　哦！琼穆啦
　　哦！女神啊
　　有情的人儿回望您

　　那一夜，你从香炉袅袅升起
　　吹散了我浪迹一世的疲惫
　　在吞弥 ③ 静谧的故居
　　久久留香

---

① 麻江，指尼木县麻江乡。

② 琼穆，指琼穆岗日雪山，又译为琼穆岗嘎、琼穆岗嘎爱，汉语的意思是智慧的少女。

③ 吞弥，指藏文字的创制者吞弥·桑布扎。

哦！吞弥啦

哦！圣杰啊

圣贤之士定格久远

哦！吞弥啦

哦！圣杰啊

有识的人儿仰望您

记忆留存于形象，生活化作为歌声，歌声诗化当年的情感，思绪似那桑烟，依依袅袅，净化着心灵。

旦增格桑老师驻村期间帮助村民解决问题。左二为旦格老师

旦格老师讲课时，师专书记和当地的村干部讨论问题。旦格老师讲完课，已经是下午 3 点钟。村里用藏餐招待我们午饭。牛排、羊肉、土豆饼

作者和歌词作家旦增格桑老师在琼穆岗日雪山脚下的圣湖边

拉萨师专驻村点老师在尼木县岗仲寺爱国主义讲堂与喇嘛们合影

分别放在桌子上的大盆子里，我们根据各自的需要取用食物。早上出门只简单地吃了一些点心，早已饥肠辘辘。海拔4500多米的达琼村部，大块的牛排和羊肉，不只是填饱了我们的辘辘饥肠，留在唇齿间的香味，更是烙印在我们心中的藏族村民的纯朴和热情。党的政策的光辉通过广大援藏干部实施、落地，党恩通过他们艰辛的工作体现出来。

吃完饭，我们去参观了村委会后面山坡上的麻江乡完全小学。虽然学校离村委会只有几十米的距离，但在高海拔地区，这几十米步行过去并不轻松。这是一所藏族牧区学校，学生全部是附近村子里的牧民子弟，老师也大多是藏族。学校只有一位汉族老师，这位老师来自云南，是一位女老师，教学生汉语课。

海拔4600米的尼木县麻江乡完全小学　　麻江乡完全小学唯一的汉族女老师在上课

在村部会议室吃完饭，我们便往回走。回来时，我们途经海拔7000多米的琼穆岗日雪山，经过雪山脚下的朗堆村，登上了海拔5300米的雪山，亿万年的冰川矗立在我们面前，脚边是亿万年冰川融成的圣湖。西藏的许多冰川脚下都会有一个呈斗状的湖，地质学名称冰斗湖。冰斗湖是在冰川运动过程中形成的。

余书记十几年前曾在尼木县旅游局工作，她说琼穆岗日雪山就是原来攀登珠峰运动员的训练营，正式攀登珠峰前都要在琼穆岗日雪山进行训练。随行的藏族老师说，能登上琼穆岗日山脚，到珠峰大本营一定没有

琼穆岗日雪山脚下留影

问题，珠峰大本营的海拔是5200米，比琼穆岗日山脚还要低100米。今天的麻江乡之行也是未来两天去珠峰大本营的预适应。

明天是中秋节，学校放假，不能回内地，我们几位援藏老师准备去珠峰大本营。

期待着明天站在世界之巅珠穆朗玛脚下的体验。

藏北牧区学校调研纪行

一、小序

由于师范教育专业认证和编制学校人才培养方案的需要，拉萨师专决定对西藏自治区全区的小学和学前教育学校进行大规模调研。在西藏自治区六个市区各安排一个调研小组，深入一线学校，以问卷、访谈的形式对全区学前和小学教师的现状、学校教师需求等问题进行调研。最初，学校考虑到安全问题没有安排我们援藏教师参加此次调研活动。后经我们诚心争取，主动提出"出行保险自买，食宿费用自理"等条件，学校才同意我们参加此次调研。由于林芝、山南、日喀则我们都去过，昌都虽然没有去过，但要从拉萨乘飞机过去，我们就申请去那曲。一方面那曲海拔高，从那曲的基础教育可以看到西藏基础教育的一般情况；另一方面，那曲自然风景、气候条件、历史文化与拉萨有较大差异，是我们内地来的老师神往而又心畏的地方。在西藏生活一年却没有到过那曲就觉得似乎缺少了一点什么，用苏大李老师的话说是"这回我们是一定要争取的"。

11月14号早上离开拉萨，21号下午平安回到拉萨。连续8天的西藏高海拔牧区小学和幼儿园调研工作顺利结束。调研小组包括司机共5人，

2 名拉萨师专的老师（语文系德吉央宗老师和教育系彭老师）和 2 名内地来的援藏老师（我和苏大李老师）。8 天的时间里，我们调研了那曲市的 10 所小学和 9 所幼儿园，在平均海拔 4500 米以上的藏北高原走了 1800 多公里的路程。对藏北小学和学前教育学校的师资、课程与教学、学校管理和区域教育均衡发展的情况有了大概的了解。

二、万里羌塘与赛马节

调研小组 11 月 14 号早上从拉萨出发，下午抵达那曲市色尼区。从海拔 3650 米的拉萨到海拔 4500 多米的那曲，车行近四小时，同行的四位老师都很疲劳，我们两位内地来的援藏教师能明显感觉到海拔升高对我们身体的影响。下午 3 点钟才吃中饭，吃完饭回到宾馆后，我在宾馆里一直没有出去，李老师则带着好奇与激情在那曲市城区走了一圈。他回来说，外面很冷且风很大，气温低于零下 10 摄氏度。那曲地区属于亚寒带气候区，年均温度较低，在 0 摄氏度左右，昼夜温差大。每年 11 月到次年 3 月是大风季节，每年 5 月到次年 9 月是降雨季节。11 月的平均气温为零下 15 摄氏度。我们这次正赶上那曲大风季的开始。

那曲这边的冬天，居民和商铺都是烧煤取暖，空气中弥漫着浓浓的煤烟味道，天空中弥漫着厚厚的霾。9 月份去日喀则，发现那边也是烧煤取暖。宾馆的房间有氧气提供，但要到晚上 8 点钟以后氧气才打开。

带队的德央是一位充满教育情怀的藏族老师，临行前头两天她还在医院挂水。此次调研，德央老师是组长，负责调研计划的制订和实施。她不但要联系调研学校，安排行程，还要对调研小组成员的安全负责。德央老师童年生活在那曲安多县的牧区，她小学三年级前生活在安多县扎仁镇，四年级后随父母一起迁到那曲市色尼区，在色尼区上小学，一直到小学毕业。德央老师性格热情，一路说笑不停，向我们讲述她在高原牧区有趣的童年生活，介绍藏族人民的文化和那曲的自然风景。

德央老师小学毕业时，考取了当年的"西藏班"，去天津上学。她在天津生活了七年，读完初中和高中。因为去的头一年要学习汉语，所以初中读了四年。七年的时间里没有回过西藏，离开那曲时是一个 13 岁的小姑娘，回到西藏时是一个 20 岁的活力青年。她说，那时交通没有现在方便，没有网络，也不能通电话，与父母亲人的联系主要是通过写信，偶尔给家里寄一张自己的照片，父母通过照片想象着自己小孩成长的样子。高中毕业回到西藏的时候，许多父母在见到自己的孩子时几乎都不认识了。德央老师高中毕业后考取了华东师范大学中文系，大学毕业后回到拉萨师专（当时是拉萨市中等师范学校）工作，几年后又到中国人民大学读了三年新闻学硕士研究生。研究生学习结束后就一直在拉萨师专工作。当时学校开设有新闻专业，她担任新闻概论课程的教学。

当晚我们住在色尼区的园丰宾馆，这是那曲市条件最好的宾馆之一，是德央老师的弟弟帮助联系的，她弟弟在拉萨市的一家银行上班。我们把行李放进宾馆，然后找了一家饭店吃中饭。由于已经过了饭点，饭店大厅里除了我们几个，没有其他客人，从早上出来，一路车程，大家都既累且饿。坐下来后，德央老师点了菜，服务员报菜单时，我们都说菜有点多，但德央老师说那曲是她老家，到这边来她是东道主，执意要由她请一回客。

吃完饭回宾馆的路上，在街口看到一个开阔的广场。德央老师说那是那曲市赛马场。西藏的许多地方都有赛马的风俗，尤以藏北草原为盛。各地在每年特定的日子里都会举办赛马节，赛马节是藏族牧民的盛大狂欢节。赛马延续着藏北草原游牧生活的古老传统。那曲赛马节，藏语叫"达穷"，每年公历 8 月 1 日举行。赛马节时，附近各乡镇的牧民都会汇聚到那曲市，大人小孩都喜欢这争取荣耀的节日。走马万里羌塘，书写着藏族人民的粗犷和豪气。

走进赛马场，视野开阔，远处有看台。两边也非常开阔，但两边的开阔场地不是用来赛马的，而是在赛马季用来搭建帐篷的。比赛时，以县、区为单位，每个县、区都有一块搭建帐篷的场地。但是今年由于疫情，赛马节没有如期举办。正常年份，赛马的场面很壮观，人山人海。与县、乡的赛马节相比，那曲市的赛马节商业的味道太浓，趣味性和游戏性赶不上县、乡的赛马节。德央老师说，她只要有时间，就会和老公带着一家老小去县里举办的赛马节游玩。

赛马场西边有一排巨大的金属雕塑，很显眼，德央老师说那是根据格萨尔王的故事建的雕塑群。格萨尔王是西藏人民心中的英雄，在藏北影响很大。《格萨尔王传》是一部一百多万行诗句、两千多万字的作品。作品讲述了传说中格萨尔王的故事，他以惊人的毅力及神奇的力量征战四方，抑强扶弱，造福人民，成为藏族人民心中的英雄。2006年，经国务院批准，格萨尔王说唱艺术列入第一批国家级非物质文化遗产名录。那曲这边有很多学校的校本课程都以格萨尔王的故事为主题。走在那曲市下面的县城街道上，不时能听到店铺里的音响播放的格萨尔王说唱故事。格萨尔王的传唱人很神奇。传唱人多是盲人，不识字，但那么长的故事那么多的文字能从传唱人的嘴里准确地唱出来。我问德央老师其中的原因，她说对这种现象没有人解释得清楚。只是听说传唱人在传唱格萨尔王故事之前都会莫名其妙地失踪几天，当他们回来的时候就会唱格萨尔王的故事了。青藏高原孕育了神奇的藏族文化，藏族文化就像高原上数不清的神山圣湖一样，充满神秘，带着神奇，令人敬畏。有机会能在格萨尔王的传说地走一次、体验一下万里羌塘的宏大与阳刚是人生宝贵的文化体验。

三、措那湖与怒江之源

那曲市安多县的措那湖是怒江的源头。我们此次调研的第一站是怒江之源的三所小学和三所幼儿园。第一天调研扎仁镇小学和幼儿园，第二天上午调研措玛乡小学和幼儿园，第二天下午调研果组村小学和幼儿园。

我们住宿的那曲市色尼区园丰宾馆离扎仁镇有 40 多公里路，经过的地方都是高寒草原，路面起伏较大，车行在路上，人坐在车中，时有失重的感觉。但视野开阔，一路上车子很少。深秋时节，路两边目力所及，一片秋草黄，尽头是皑皑雪山，偶有蓝色湖泊、成群的牦牛点缀其间。我们想象着夏天的藏北草原，一片嫩绿，一定很美。车子一路开过，一路美景。

上午 9 点钟出发，10 点多钟到达扎仁镇小学。那曲市的小学和幼儿园多数是一体化管理，扎仁镇小学和扎仁镇幼儿园在一个校园里，小学和学前的老师在一块儿办公，但学生活动的场地是分开的。据扎仁镇小学提供的 2021 年官方数据，"学校占地面积 11000 平方米，建筑面积 7200 平方米，全校现有教职工 23 人。其中工勤人员 4 人，专任教师全部具有大

安多县扎仁镇小学的体育馆

专以上学历，学历合格率百分之百。现设有 6 个年级，9 个教学班，学生共 350 人，其中住校生 130 人。"由于自治区教育均衡发展政策贯彻到位，近几年学校的办学条件有较大改善。学校有教学楼 2 栋、塑胶操场、高标准的风雨操场、微机室、音乐室、美术室、科学实验室、图书室、阅览室、弹唱室等。学校的硬件设施与内地的一般学校没有太大差异。

学校所处位置在扎仁镇中心，校园外面就是扎仁镇街道，一条小河从学校门前流过。我们这次去的时候，小河已经结上了厚厚的冰层。学校海拔 4700 米，高海拔引起的身体反应较明显，下车时有身上的血往头上涌的感觉，海拔高，气压低，周身的血管似乎在膨胀，我们在校园里只能慢慢行走。在门卫登记好个人的信息后，校长尼玛次仁把我们带到学校的"教工之家"。"教工之家"是老师们休息的地方，也有老师在这里办公。"教工之家"为老师们提供三餐。学校的多数老师都住校，一个星期回家一次，老师们住校是为了照看住校的孩子，学校没有专门的生活老师。因为学校辖区面积大，有些学生的家离学校很远，需要住校，只能一周回去一次。

扎仁镇小学的教学楼和操场

扎仁镇小学音乐教室

扎仁镇小学调研结束后，德央老师的叔叔——扎仁镇小学的一位退休教师请我们在学校门口的一家藏面馆吃了地道的藏面。下午，德央老师的叔叔开车带我们绕措那湖去措玛乡小学。

此次调研，德央老师特意为我们安排了措那湖边的两所牧区学校，绕措那湖行走的路线也是她帮助我们特意选定的。这是一条土路，平时少有人走。路面不平整，类似于去拉姆措圣象天门那条 50 公里的搓衣板路。这条路线在手机导航上没有显示，不是当地人根本不知道这条路线。这是一条原生态的行走路线，一路行车，沿途都是藏北高原的原始生态，不时会看到一些珍奇的小动物在眼前跑过，司机也会因此停下车让我们仔细观察这些小动物。我们进入了藏北高原的牧区深处，没有任何风险，没有任何安全的担忧，不但看到了不一样的风景，还体验到了不一样的藏族人情，领略到了不一样的高原文化。

措那湖是怒江的源头湖，湖面海拔 4800 米，面积约 300 平方公里，是世界海拔最高的淡水湖之一。在措那湖边的一个较高位置的山坡上立有一块石碑，上面写着"怒江之源"。德央老师的叔叔请我们以这块石碑为背景拍照留念。唐古拉山山脉南部河溪汇入措那湖后，流入怒江，沿着怒

怒江之源措那湖

江上游的峡谷向北走就是那曲市比如、索县、巴青三个县。措那湖是藏族人民心中的圣湖，是热振寺的"供湖"。湖水湛蓝，摄人魂魄。坐在青藏线的火车上，火车进入安多县境内时，会看到一片浩渺湛蓝的湖水，这就是措那湖的湖水。德央老师的叔叔年轻时候曾在措玛乡做过小学老师，对这一带的地理、气候非常熟悉。他说，措那湖水很神奇，每年冬天会突然在一夜之间结冰，春天又会突然在一夜之间解冰。结冰期间，冰上可以走人。人行走在结了冰的湖面上，透过冰层能够看到水中大大小小的鱼儿自由游动。冬天湖面结冰的时候走在措那湖上，一定是很神奇的童话般的感觉。措那湖的北岸有一座寺，从南岸到北岸，如果沿着湖岸走，有几十公里，如果从湖的冰面上走直线距离会缩短很多。德央老师的叔叔说，会有虔诚的佛教信徒围绕措那湖"转湖"。

西藏的湖水都是梦幻般美丽。来西藏之后第一次感受到湖水之蓝的是班松措，第二次是白玛林措，接下来是普莫雍措、羊卓雍措、拉姆措……拉姆措的湖水之蓝让我生出湖水极致的感叹。然而这种感叹被此次措那湖水的美所取代。汽车颠簸在深秋黄色高寒草原上，一条蓝线突然从草原深处映入眼帘，蓝线渐变渐宽，银波泛起。措那湖进入我们的视野。天光、水线、草色，既惊艳又震撼。

我们在措那湖边开车行走了几十公里，围绕措那湖走了大半圈，最后到了措玛乡小学。学校位于措那湖边，学校门口的泥土很松软，虽然铺有石子，若下起雨来，路会很难走。学校面对措那湖，风很大，站在室外，风吹在身上，站着有吃

位于措那湖边的安多县措玛乡小学

力的感觉。学校背后的山是红色的土坡。安多县这一带，许多地方的土是红色的。由于气候条件恶劣，不宜于室外活动，学生的活动全部在室内。学校没有室外活动场地，室内活动场地的顶棚用透明的有机塑料做成，这样，高原的阳光可以照进来，具有保温的效果。由于西藏自治区的教育均衡发展政策落实到位，学校的学生虽然不多，但办学的硬件设备还比较齐全。

我们在措玛乡小学进行了三个多小时的调研活动，调研结束时，天色已晚。与学校的老师合影后，相互道别，我们驱车驶向安多县城。

安多县城是青藏线的交通要道，向北达格尔木，向南达那曲，向西通向班戈县。安多县平均海拔5200米，县城海拔4800多米，是全国建制县中最高的海拔县之一。境内气候恶劣、天气寒冷、环境艰苦，年均气温在摄氏零度以下，大气含氧量不足海平面的50%。这是我们两位援藏教师来西藏后第一次在这样的高海拔地方住宿，由于住宿的房间供氧气，身体基本还行，没有大的不适。回到安多县城，在宾馆安顿下来之后，我和苏大的李老师沿着安多县城边上的一条很宽的河走了一段，虽然还是10月，河道中间水浅的地方都已经结上了厚厚的冰凌。高寒、缺氧、低压，气喘、心跳加速、血液上涌，刺激而又惊险，一生中难得经历的高原县城夜晚住宿体验。李老师三十岁出头，身体强壮，他比我有更强的高原适应力。我虽然比他大二十多岁，没有他身体强壮，但我会比他更注意克制自己的激动情绪，在让人震撼的自然风光面前，我不像他那样容易激动，或者说我把我的激动控制在平和安全的范围内。初上高原，需要注意的就是在美丽惊艳的风景面前保持平稳的心境，不要太激动。情绪激动容易造成"高反"。

按照行程计划，我们明天去扎仁镇果组村小学调研，果组村调研任务结束以后赶往比如县。果组村小学只有一到三年级和学前的三个教学班。学生都是牧区藏族牧民的孩子。教师也主要是藏族老师。安多县这边的学校，尤其是乡镇学校，汉族老师很少。

第二天上午，我们先从安多县县城回到扎仁镇小学。扎仁镇小学校长尼玛次仁约请德央老师给他们学校的老师做一个关于义务教育语文课程标准解读的讲座。德央老师做讲座的时候，校长带着我们在校园里参观，他给我们详细地讲述学校的历史。讲座结束时已经是中午 11 点半。简短道别后，我们前往果组村小学。

果组村小学位于扎仁镇拉姆措村，海拔 4700 多米。快到村子里的时候，我们不能确定学校的具体方位，突然看到一面国旗在空中飘扬，"国旗飘扬的地方一定是果组村小学。"德央老师说。

下面是校长发给我的学校官方数据：

"果组村小学 1992 年建成，学校所在地为扎仁镇拉姆措村旁边，距安多县城 90 公里。学校覆盖拉姆措村、欧赤村和果加村 3 个行政村，总人口有 3400 人。学校占地面积 11000 平方米，教学及辅助用房面积 445 平方米，运动场地 420 平方米。现有 3 个班，共有学生 27 名，是全日制三年制公办初级小学。现有教师 8 名，其中本科学历 6 人，大专学历 2 人，教师学历合格率为 100%。"

虽然教育均衡发展的政策惠及西藏全区，但由于果组村小学的地理位置太偏远，硬件基础设施相对落后，办学条件差。近几年，学校生源减少，学校既有的一座现代化教学楼几乎处于闲置的状态。空旷的操场上，一面五星红旗高高飘扬。校园里一棵树都看不到，经过硬化的地方是平整的水泥地，没有经过硬化的地方是红色的砂土。大风吹过来，眼睛难以睁开。室外风大、扬尘大、温度低，师生的活动只能在室内进行。两排并列的教室，门对着门，一排门向西，一排门向东，中间大概隔着二十多米的距离。两排教室之间的上空用透明的有机塑料做顶棚，做成一个长方形的室内活动场地，场地的南面有一道门，供师生进出。果组村小学全校师生都在这个场地上活动。地面用油漆刷成绿色，场地的边上摆放着桌椅。由于白天阳光可以透进来，场地上没有感觉到冷。课间，学生就在这个室内场地活动。建筑的布局与措玛乡小学的布局相同。在安多县这样的高海拔地区，常年刮大风，气温低，保暖设施是最基本的生活需要。据校长介绍，以前学校的取暖主要依靠烧牛粪，牛粪一般由学校的老师去搜集，也有一部分是学生家长送来的。现在条件改善了，安多县的学校取暖都改用烧煤。

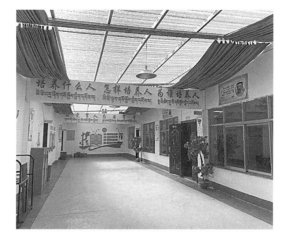

果组村小学的室内活动场地

果组村小学的老师全都是藏族人。像安多县这样的高海拔地区，内地来的人很难适应这里的长时间生活，新招聘来的老师，汉族人非常少。近两年那曲市的招聘实行全区公开招考，一些在西藏地区高校上学的内地汉族大学生通过参加公开招聘加入安多县的教师队伍。内地来的汉族老师面临着自然环境、生活习惯、远离家人等问题。一名汉族大学生能在自然环境恶劣的高海拔牧区从事教育工作，即使是对藏族儿童简单的陪伴，也是在对当地教育发展作贡献。这需要巨大的牺牲精神。第一代到西藏支边的军人干部，在西藏安家之后，他们的后代有些选择与当地的藏族青年结婚，大多数生活也很美满。民族融合、边疆的建设和发展，我们的军人干部作出了巨大的贡献，这种贡献不是在口头上，而是践行在他们的日常生活中。

我们到达安多县扎仁镇果组村小学的时候已经是中

扎仁镇果组村小学

午12点多钟。校长把我们领进学校的"教工之家"。"教工之家"兼校长办公室，是前面说的两排教室的最东边的一间房子。说是"教工之家"，实际上就是一里一外的一间房屋，屋子的当门处放着转角藏式桌椅，桌子边上放着一个燃着火的带烟囱的炉子，一根直直的排烟管道通向房间外面，桌椅上零乱地堆着书籍簿本；房间的里面是学校的简易厨房，一位藏族妈妈在厨房做饭，后来知道这位藏族妈妈是学校的一位老师。学校没有请厨师，厨师的工作由学校的老师兼任。上课的时候是老师，做饭的时候是食堂师傅。我们此次调研，发现有许多学校都有这样的老师，他们对学生进行全方位的照看。教育或教学，在他们看来，就是帮助孩子好好地生活，就是朴素的对孩子的爱。以内地教师眼光来看，他们可能不是那种很专业的老师，但他们从事的教学工作要比内地那些"很专业"的老师更具有专业性，"教育"、"教学"和"生活"，在他们看来是同一个问题。他们的专业性突出表现在他们具有丰富的地方性知识。高原地区的教师需要有丰富的地方性知识，如果没有丰富的地方性知识，他们将难以胜任日常的教学工作。

因为果组村小学规模小，老师人数少，我们的调研只用了一个多小时。校长和德央老师是亲戚，学校有好几位老师都是拉萨师专毕业的。调研结束的时候，校长要留我们在学校吃饭。由于下午还要赶往比如县，时间紧，加上正好这一天果组村小学组织学生打疫苗，而且需要家长来学校签字，因此校园里有很多学生家长，老师们也都很忙，我们就没有在学校吃午饭。

四、从那曲草原到比如县城

从果组村小学出来，我们向比如县进发。准备找一家路边饭店吃饭，不想车子一路开过去，竟没有发现吃饭的地方，加之从那曲到比如的沿途美景，吃饭这事变得不那么重要了。大家在车上分享各自带来的食品，权当午饭。到达比如县城时，天已经黑下来。我们住在县城的怒江缘大酒店，酒店是德央老师事先找一个学生帮助预订的。办理入住手续后，把行李放进房间，我们便出来在酒店附近找了一家川菜排档，大家吃得很香。吃完饭，我们在比如县城逛了一圈。比如县城不大，夜晚的街道可以看出县城的繁华。街角公园里有跳锅庄舞的队伍，街道上有许多卖虫草的店铺。怒江缘酒店门口花坛上立着巨大的虫草雕塑。

比如县城离安多县城近 400 公里。开车从那曲到昌都要经过安多到比如的这一段路。沿途风景很美，出了安多县城便是与雪山相接的藏北大草原，11 月份的藏北草原，满眼是浅黄色的牧草，能见到一群群的牦牛，偶尔也能看到一两头落单的牦牛。在行进的过程中还会看到曲折的小河在草原上流淌，河水来自附近冰川融化的雪水。冰川雪水滋润着这一大片草原。这些小河的水都向北汇集到那曲河。怒江在西藏境内称那曲河，当地也称黑河，流出西藏，经云南，流入缅甸，进入缅甸后，称萨尔温江，最后注入印度洋的安达曼海。怒江流域在西藏境内基本为牧区。藏北草原的夏天全是绿色。

出生于比如县的藏族作家丹增在他的《生日与哈达》这篇文章中描述了他年轻时候离开西藏到咸阳上学的情景，他在这篇文章中说他是坐在用绳子搓的吊篮里滑过怒江的。"那时我们外出都要过怒江上的一条溜索，听说我过溜索出去了，母亲守在溜索渡口，三天三夜不吃不喝，也不回家，无论人们怎么劝说，母亲都呆呆地望着怒江水哭，流着无声的眼泪，形容枯槁，心如死灰。"[1]那时候，怒江上没有桥。出去了就不知道什么时候能回来。

经过藏北草原，沿那曲河驱车东行。眼前景象时而开阔，时而狭窄；刚才还在平缓的道路上行驶，突然间就是一边壁立千仞、一边沟壑千尺；

---

[1]　丹增：《大地是生命的祭坛》，四川人民出版社 2021 年版，第 244 页。

怒江峡谷，险峻壮美；谷底平地，自在闲适。途中的怒江第一弯是正在开发的景点。那曲河大拐弯之前，公路两边是广阔的草原，大拐弯之后，公路下到谷底，沿着那曲河谷向前延伸。沿途风景时而柔美，时而壮美。虽然连续几天的车途劳顿，但是不断变化的风景并没有让我们放弃对任何一处美景的捕捉。汽车行进在黄昏时分的怒江河谷，天空中一边是火红的夕阳，一边是皎洁的圆月。夕阳落于西面的山顶，圆月初升于东面的天空。即使光线暗下去，高原的天空也是透明的，山的深黛色轮廓如利刃划过天际，天地相接处，干净利落，界限分明，记录着历史的苍茫和岁月的久远。怒江峡谷发生的高原故事就在这苍茫和久远中回响。

怒江第一弯

我们到达比如县城已经是晚上 8 点多钟。

在藏语中，"比如"是"母牦牛角"的意思。比如县城海拔约 4000 米，比安多县城低了 800 多米。虽然酒店没有供氧设备，但也没有多少不舒服的感觉，这与比如县城周围有丰茂的植被有一定关系。近一年的援藏生活，我基本适应了海拔 4000 米以下的环境。拉萨市区海拔 3600 多米，拉萨师专所在地近 3700 米，相差 400 米的海拔，没有太难受。比如县城的植被较好，城市的街道上有许多高大的树，不像难得见到一棵树的安多县城。只是连续多天的调研活动，我们的身体透支较大，恢复得要一段较长的时间。

在那曲市几个县中，比如、索县和巴青东部三县基础教育的教学质量较高。由于调研时间只有一周，我们这次选择了那曲东三县的比如县进行调研。以下是比如县县政府官网数据：

"比如县地处那曲市东部，怒江上游，东与昌都市边坝县接壤，西与那曲县毗邻，南靠嘉黎县，北与巴青、索县相连，全县国土面积 1.12 万平方公里，草场面积 1566 万亩，林地面积 30 万亩。属高寒季风半湿润气候，盛产虫草，素有'藏北江南''虫草之乡'的美誉。全县总人口 7 万多人。"

比如县的对口援建城市是浙江宁波。比如县中小学教育的发展得到了宁波市教育局的很大帮助。

比如县每年都会举办赛马节，近几年每年还会举办虫草艺术节。和拉萨师专来自比如县的学生聊天，他们最乐道的就是比如县的赛马节和虫草艺术节。

五、萨普神山脚下的小学

第四天的调研任务是对比如县羊秀乡小学和幼儿园、白嘎乡小学和幼儿园进行调查访谈。羊秀乡和白嘎乡紧挨着，附近有萨普神山、双色湖等著名景点。我们计划上午完成羊秀乡小学和幼儿园调研任务，下午完成白嘎乡小学和幼儿园调研任务。若有空余的时间，去欣赏一下萨普神山的美景。

早上，我们从比如县城出发，翻过了海拔 5000 多米的夏拉山。夏拉山山势险峻，土石较松，雨季容易发生塌方，雪天路滑，一遇大雪天气就要封路。离开拉萨之前，德央老师已经向比如县教育局咨询过路况，回答是路况很好，翻越夏拉山没有问题。当我们开车走在山上时，发现山上的路况没有想象的好，有些路段，汽车跑过，扬起漫天尘土。我们去的这个季节还没有下雪，若是下雪或是下大雨，山路就很难走。翻过山口，下到山脚就是羊秀乡，羊秀乡小学就在夏拉山山脚的路边。

比如县羊秀乡中心小学　　　　　　　比如县羊秀乡中心小学一角

　　我们到达羊秀乡小学的时候，校园静悄悄的，没有看到学生，门卫说今天全校的学生都到乡医院打新冠疫苗去了，多数老师也去了乡医院。打电话联系上了校长，学校里面还有几位老师。于是我们对这几位在校的老师进行访谈，访谈结束后又请他们帮助填写问卷。小学的调研工作结束后，我们又到羊秀乡幼儿园调研。

　　羊秀乡的调研工作结束后，我们决定把吃中饭的时间节省下来，前往萨普神山。

　　我们这次来那曲之前，在选择调研学校的时候，建议德央老师选择羊秀和白嘎两个乡。因为双色湖和萨普神山在这两个乡附近。萨普神山很有名，是来西藏的游客喜欢打卡的胜地。游客进萨普神山景区是需要买门票的。羊秀乡校长和萨普神山管理处的人熟悉，给管理处打了一个电话，说我们是从拉萨来学校进行调研工作的，管理处工作人员让我们登记一下，然后就让我们的车子开了进去。萨普神山位于羊秀乡普宗沟境内，离羊秀乡小学只有 20 公里，虽然路很难走，但并不险要，一般的越野车都能顺畅地开进去。

　　壮丽的雪山，湛蓝的天空，轻盈的白云，深湛的湖水，夺人魂魄。萨普神山被称为"藏北秘境"。山上保留着原始冰川，称为萨普冰川，山下有萨普湖，藏族人称其为"圣湖"。萨普湖分为内湖和外湖。据百度百科简介：

　　"它的最高峰为 6556 米，是念青唐古拉山东段最高峰，为藏传佛教中的苯教神山之一。传说萨普神山的成员，从左至右依次为：萨普的妻子，萨普的妻子出轨后和别人生的私生子，萨普的二儿子，萨普的大儿子，萨普的女儿。萨普妻子的私生子以及萨普小儿子的山型为世界罕见的正三角形金字塔山型。"

　　我们把汽车停在内湖边上的停车场，下车到内湖边，欣赏神山容颜。

萨普山正三角形冰川和萨普湖

湖边风很大，温度极低，人在风中难以久立。几位老师在湖边站了一会儿，很快就回到车里。李老师却对神山充满了好奇，他沿着湖边一直向前走，最后消失在我们的视野。电话没有信号，正当我们替他担心的时候，远远望见他小跑着回来。我们挥手叫他不要跑，在海拔4000多米的地方跑步是很费体力的。回到车里，缓了一会儿，他说里面的风景太美，真正的内湖还在里面，他也没有走到内湖，离冰川还很远。神山就是这样，看着就在眼前，走起来却有很远的距离。

离开萨普湖，我们原路返回。到白嘎乡小学的时候是下午两点钟的样子。

白嘎乡小学和羊秀乡小学距离大概十多公里路。白嘎乡小学在白嘎镇中心的街道上。"白嘎"在藏语中是"白莲花"的意思，从天空中往下看，白嘎的地形似一朵莲花开在群山之间。我的理解，"莲花"应该与佛教有关。比如县不生长莲花。西藏有莲花的地方是在墨脱，墨脱被称为"莲花秘境"。

完成调研任务后，我们沿原路翻过夏拉山，回到比如县城。当晚又住在县城的怒江缘大酒店。这学期拉萨师专有十几个比如县的学生回到本地学校进行半年的教育实习。我们回到比如县城后，德央老师把这十几个学生召集过来，请他们一起吃了晚饭。我们向学生了解比如县的风景和文化，学生们畅谈虫草节和艺术节，有歌舞，有赛马，津津有味，仿佛就发生在眼前。一个学生特意说，在今年的艺术节上，一只虫草拍卖出三万元的价格。吃饭的过程中，德央老师和学生们交流的时候用藏语。虽然我们几个汉族老师听不懂他们在说什么，但大体可以推测他们谈论的问题是实习情况和西藏自治区教师入职考试的内容。实习生中有一个学生较面熟，他说他和我也面熟。我们应该在拉萨师专的某个地方见过面，并且彼此都留下了印象。

吃完饭，学生们帮助我们整理调研的问卷。学生人数多，工作干起来很快。

六、路过达姆寺

第五天，上午在比如县第一小学和幼儿园调研，计划下午回到那曲市。

比如县第一小学在比如县城西部，背靠大山，山高峻直立，山上全都是坚硬的岩石。山崖上没有树，只有苍劲的岩石。在山崖的极陡极险处挂有经幡，不知道这些经幡是怎么挂上去的。看到绝壁上飘动的经幡，我想到信仰的力量的强大。几只苍鹰在山崖间盘旋，时而俯冲，时而上旋，苍鹰的黑色翅膀与褐色的岩石相互映衬，似童话境界。校园内有一些高大的树木。学校的课间操跳的是藏族舞蹈，类似锅庄，小孩子跳舞的动作天真可爱。有一些老师也和小学生们一起跳。

比如县第一小学调研工作结束后，我们在路边上找了一家饭馆，吃过中饭，走上回那曲的路。沿着怒江大峡谷，原路往回走。由于方向不同，时间不同，回来路上的风景给我们的印象也不同。

从比如返回那曲市需要经过达姆寺。

达姆寺位于比如县茶曲乡，距离比如县城 60 公里左右，是著名旅游景点。达姆寺下面是怒江，怒江对面是一个很大的温泉区。达姆寺的著名除了其历史和宗教的影响，还在于寺东边的天葬院骷髅墙。从安多来比如的时候，李老师就计划在达姆寺停下，去参观达姆寺天葬院。由于时间太晚，来时参观达姆寺的计划没有实现。返回的时候一定不能错过机会。司机把车子停在达姆寺下边的停车场里。我和李老师去达姆寺游玩的时候，德央老师和彭老师因为学校有严格的纪律要求，没有下车。他们在停车场等着我们。

达姆寺由文成公主选址建造的达姆拉康保护和修建而来，属格鲁派寺。达姆寺的天葬院骷髅墙位于寺的东侧，是西藏自治区 2007 年公布的区级文物保护单位。由于疫情，内地的游客进藏旅游受到限制，寺内的游客不多，天葬院的门是锁着的。因为我们买了参观门票，寺僧为我们打开天葬院门，见我们是汉族人，就对我们说，生命是一种轮回，进到里面要有对逝者的敬畏心，他还告诉我们，哪个位置能站，哪个位置不能站，我们小心地记着寺僧的要求，怀着对生命的敬畏感走进了天葬院。从院外看是墙壁，从院里面看，紧贴着墙壁用人的头骨砌成一堵墙，寺僧介绍说这堵墙由3000多具人头骨砌成。这些头骨是天葬仪式完成后留下的。我们发现，在骷髅墙脚还有新近天葬后保留下的头骨。这是西藏唯一在天葬仪式后保留头骨的地方，表达了人类对自身生命的参悟。西方哲学"向死而生"的理论抽象在藏族文化中成为一种具身表现。生死是生命的轮回，生是对死的参悟，死是生命的升华。藏族文化中，生命的降临，就是来到世界的一次旅行，生命的来和去都是一件自然的事情。

回到那曲市色尼区的园丰宾馆时，天已经黑下来。几个小时的高海拔地区车途颠簸，老师们都感到很疲劳。德央老师让我们两个援藏老师休息，她和彭老师还要整理当天的访谈问卷。

七、色尼区的小学

第六天，上午去那曲市第二小学和幼儿园调研。上午调研的时候，来自苏州大学文学院的李晨博士为那曲二小的教师作了《如在画图中——苏州园林的魅力》的学术讲座。考虑到我们两位援藏老师有较明显的高原反应，德央老师让我们下午在宾馆休息，她和彭老师去那曲镇小学和幼儿园调研。

第七天上午，德央老师和彭老师去色尼区小学调研，我们两位援藏老师在宾馆休息。他们在色尼区小学调研回来后，我们一起到那曲县罗玛镇和古露镇的小学、幼儿园调研。这两所小学都在青藏公路的边上，是从

那曲二小的学生课间在教室外的场地上游戏

那曲回拉萨的必经之地。这两个镇海拔都在 4700 米，由于长时间在高海拔地区活动，我们两位援藏老师身体的高原反应更加明显。彭老师虽然也是内地来的汉族老师，但他高中毕业后考入西藏大学，大学毕业后就一直生活在西藏，他对高原的适应力要比我们强许多。

罗玛镇和古露镇都以畜牧业为主，牲畜品种主要有牦牛、绵羊、山羊、马，牧产品有酸奶、酥油、奶渣、风干牛肉，还有虫草、贝母、雪莲花、红景天等珍稀药材。境内有许多国家级保护动物，如野驴、狗熊、天鹅、黑颈鹤等。

古露镇小学占地面积 37626 平方米，现有 11 个教学班级，387 名学生，幼儿园有 3 个班级，137 名幼儿，学生总数 524 人，专任教师 40 人。古露镇小学的校长是德央老师工作后带的第一届学生，他安排我们在学校的食堂吃了午饭。吃完饭，我们去古露镇幼儿园调研。

那曲市古露镇完全小学　　　　　　古露镇完全小学可爱的小学生

　　调研结束后，我们从古露镇上高速返回拉萨。到拉萨时已经是晚上 9 点多钟。

　　西藏高海拔牧区教育调研的 7 天行程圆满结束。虽然两脚沉沉，但收获满满。

行走的诗意

小 序

"故君子之于学也，藏焉修焉，息焉游焉。"（《学记》）这是古人的"游学"。"读万卷书，行万里路"，做学问不能囿于书本，还要有实践的功夫。此次在拉萨师专的支教期间，我们利用节假日走了西藏的许多地方，神山圣湖和那虔诚的转山人，神奇天路和那行走在天路上的人，收在眼中，铭在记忆，神思流连。还有那高原草甸上的牦牛，雪山脚下的藏族村落，村落中生活的牧民，充满神性的歌舞，牧区的学校和儿童，这所有的经历让我们对教育有了与原来不一样的理解。援藏这一年，虽然走过了西藏的许多地方，但是西藏真的是太大，面积占我国国土总面积的八分之一，还有许多地方我们没有去过。走过的地方留下的是诗意的记忆，没有走过的地方留下的是诗意的神往。

一

走过了 318 国道，

走过了 317 国道，

走过了 219 国道；

去了林芝市，

去了山南市，

去了日喀则市，

去了那曲市。

但没有去过昌都市，

走进我党在西藏办的第一所现代学校；

没有去过阿里地区，

重走孔繁森的坚实足迹。

二

到了堆龙德庆，到了墨竹工卡；

到了当雄，到了林周；

到了达孜，到了康马；

到了江孜，到了拉孜；

到了尼木，到了浪卡子；

到了安多，到了比如；

到了洛扎，到了措美，到了措那；

到了嘎拉村，到了勒布沟；

到了亚东，到了定日；

…… ……

但没有到过吉隆，

没有到过班戈，

没有到过尼玛，

没有到过普兰，

没有到过札达。

雪域山河无限美好，

却没有尽收眼底。

珠穆朗玛峰脚下留影

三

车行雪山天路，感受中国军人的伟大坚强，

驱驰万里羌塘，聆听格萨尔王的史诗传唱。

手拂过南迦巴瓦的云朵，

脚踩过珠穆朗玛的石头；

心往过萨普神山的温润，

神探过念青唐古拉山的峻美；

但没有吹过唐古拉山口的风，

没有沐过狮泉河的水。

四

住在拉萨河边，在火红的夕阳中神思，在如镜的波纹里净心；

住在卡久寺里，聆听久远不变的暮鼓晨钟，看那转山人行走的虔诚；

住在波密扎木，体验雪山环抱的温柔安宁，听帕隆藏布的缠绵诉说；

住在莲花秘境，感受雅鲁藏布的亿万涛声，想象莲花生大士的传说；

住在勒布沟谷，听门巴族党员讲生活故事，看姑娘小伙跳篝火歌舞。

但没有住在普莫雍措旁，赏那传说中神奇的蓝冰；

没有住在圣象天门，数那童年数过的天上的星星；

没有住在珠峰脚下，赏那日落和日出的金山艳影。

五

远观过雍布拉康的雄姿，近赏过布达拉宫的倒影；

拥抱过热振寺的千年古柏，观看过哲蚌寺的辩经；

置身过桑耶寺的佛学院，观看过喇嘛们讨论"学问"；

欣赏过甘丹寺建筑的紧密，敬仰过扎耶巴寺建筑的危耸；

登临过白居寺的大殿，直观过扎什伦布寺的富贵，体验过绒布寺的

清冷；

在达姆寺的骷髅墙前，直观生命，体悟向死而生；

在直贡梯寺的天葬台，敬观生命驾雄鹰的坐骑上升。

但没有去过色拉寺，没有进过大昭寺。

珠峰脚下的绒布寺

甘丹寺

六

翻越过色季拉山口，
翻越过拉根拉山口；
在琼穆岗日雪山下驻足，
在萨普神山下流连；
走近过乃钦康桑雪山，
远观过库拉岗日雪山，
但还没有目睹神山之首冈仁波齐的圣颜。

七

走过通麦天险，到过易贡，到过八盖，到过藏刀之乡；
站立于怒江源头，站立于雅砻江源头，站立于雅鲁藏布江源头；
走过易贡藏布河谷，
走过洛扎大峡谷，

走过怒江大峡谷，

走过雅鲁藏布大峡谷，

还走过红河谷。

但没有迎面阿里的风，没有穿行阿里的山谷。

卡若拉冰川（红河谷）

八

去过措那湖，

去过萨普湖；

去过班松措，

去过拉木措，

去过多情措；

去过羊卓雍措，

去过普莫雍措，

去过白玛林措；

但没有去过拉姆拉措，

没有去过玛旁雍措，

没有在圣湖旁边体验前世今生的缘。

羊卓雍措一角

九

走过哲古大草原，

走过藏北大草原，

走过日喀则肥美的年楚河平原。

但没有骑过草原上的骏马，

没有目睹赛马节时

草原上的落日和晚霞。

六月的当雄牧场

十

登临江孜古堡，
了解了藏族同胞抗击英寇的历史；
瞻仰张国华将军指挥所，
感受中国人民反击印度侵略者的勇武；
但没有去过边防哨所，目睹军人英姿，向英雄的军人敬礼。

点点滴滴的行走，

许许多多的美好，
丝丝缕缕的遗憾。
美好让人回忆，
遗憾更让人神往。
美好的遗憾，
是下次相见的缘。

第二编　诗性文化

因果、知足、悲悯、众生平等、孝道

藏族文化的关键词

　　青藏高原的雪山圣湖孕育了藏族文化。藏族文化是一种神奇的文化，这种文化充满了诗性。藏族是一个善歌舞的民族，藏族的音乐充满了自然的神性，藏族的舞蹈表达了对神性的崇拜。

　　如何理解藏族文化，藏族文化的核心要义是什么？儒家文化有"仁""义""礼""智""信"等核心词汇，藏族文化是不是也像儒家文化那样，有一些最核心的词汇。我把我的困惑同拉萨师专的几位藏族老师进行了交流。我请他们根据各自的理解给出几个藏族文化的关键词，一个多星期后，几位老师从各自不同的角度给出了他们的答案。

　　我对老师们拟的藏族文化关键词进行了分析，整理出两组答案。第一组关键词是"因果（ལས་རྒྱུ་འབྲས།）、知足（ཆོག་ཤེས།）、悲悯（སྙིང་རྗེ།）、众生平等（འགྲོ་ཀུན་འདྲ་མཉམ།）、孝道（བཀྱེན་བཀུར།）"，第二组关键词是"四法印（ཕྱག་རྒྱ་བཞི་བཀོད་བཏགས་ཕྱག་རྒྱ་བཞི།）和四谛（བདེན་པ་བཞི།）"。第一组关键词是对藏族文化的一种通俗解释，这组关键词表现出来的藏族文化的发展与融合因素多一些；第二组关键词是从藏传佛教哲学的角度进行的解释，这组关键词表现出来的藏族文化的传统因素多一些。

一、人生的一切源于"因果"

先说第一组关键词。

"因果（ལས་རྒྱུ་འབྲས།）、知足（ཆོག་ཤེས།）、悲悯（སྙིང་རྗེ།）、众生平等（འགྲོ་བྲུག་འདྲ་མཉམ།）、孝道（བཀྱེན་བཀུར།）"，在这五个关键词中，头三个关键词是大家都公认的，后两个关键词不同的藏族文化学者可能存在认识上的不同。

第一，"因果（ལས་རྒྱུ་འབྲས།）"。从逻辑上看，"因果（ལས་རྒྱུ་འབྲས།）"是藏族文化最核心的内容。事物皆有因果，承认了因果，就承认了事物的存在方式。传统的藏族文化形成于藏传佛教，"十二因缘说"是佛教哲学用来解释人生痛苦根源以及人生如何摆脱痛苦的学说。藏族文化认为世界都是由缘而生，由缘而灭，人的生命也是这样。"因果"是"十二因缘说"的通俗表达。仓央嘉措用诗歌的语言对因缘进行了表达，"从那东方山顶，升起皎洁月亮。未嫁少女的面容，时时浮现在我心上。""去年种的青苗，今年已成秸束。少年忽然衰老，身比南弓还弯。""花开季节过了，玉蜂可别悲伤；和情人缘尽了，我也并不悲伤！"因缘是一种前定，一切都是安排好的。因缘是一种力量，人生于世，要尊重因缘的力量。

第二，"知足（ཆོག་ཤེས།）"。由因缘而因果。万物皆有因果，所以万物皆有秩序。万物皆有秩序，每一个生命在宇宙中都有自己可资利用的条件，因而世界上的事物都有一个限度，所以人生活在世间要学会"知足（ཆོག་ཤེས།）"。这样就由"因果"而推演到"知足"。人因为"知足"而不生贪欲之心。有了"知足"的人生态度，一个人会觉得世界上一切你能得到的东西，你能施舍的东西，你所要拿到的东西，你所想要占有的东西……都是有一定限量的，这些都是由宇宙规定的。比如说一个人不要狂吃狂喝暴饮暴食，不要拿别人的财物，不要占有公家的财产。倘若违反了这些规则，就会受到惩罚和报应。狂吃狂喝暴饮暴食就会生病，人一辈子的吃穿用度等都有一定的量，都有一定的度，不要超过了事物的量，不要越过了事物的度，如果把量用光了，把度越过了，到最后的时候你会变得一穷二白。"知足"这个道理类似于当下生活中的要保持平衡、不要提前消费的观点。在藏族文化中，长辈经常给晚辈进行这样的教导。现在很多藏族年轻人有时候在吃穿用度上面把握不好，都是没有理解藏族文化中"知足"的文化要义。"知足"的文化用之于人与自然界的关系，表现为人类要尊重自然界，人利用自然、改造自然不能超过了自然界存在的度，所以我们要保护生态。青藏高原蕴藏着丰富的矿产资源，但我们不能胡乱开采，否则就会破坏地球的环境，打破地球平衡的生态。

事物皆有"因"，也皆有"果"。"因"和"果"是相连的，从"因"到"果"的变化形成了一种逻辑，这种"因果"逻辑决定了藏族人的生活态度。万事要"知足"，若不知足，有过多的贪欲之心，就会有人生的灾难。由"因果"而"知足"，知足，生活才会安乐。"知足"带来的另一个结果就是"感恩"，与藏族人交往会深刻地体验到那种感恩的文化。

第三，"悲悯（ སྙིང་རྗེ། ）"。有了因果，生活才懂得知足，懂得知足以后，如果看到了人世间那些不好的事情、不平的东西，还有那些残酷的现实，处于那种情境，作为一个人，你会产生你的悲悯之心。"知足"让个体的我在宇宙中找到自己的位置，宇宙是有序的，在有序的宇宙中每一个体都有他自己的位置，我的位置是在宇宙中规定好的，我的位置是合理的。我在我的位置上会为世界的和谐去做我可以做的事情。我关爱他人，同情他人，热爱世界，爱那些处境比我好或等同于我的人，也爱那些处境不如我的人。我会在他人需要帮助的时候伸以相助之手。在实际的生活中，我们会看到这样的场景，一个人处于不幸的境地，有的人会生同情心，对那不幸的人去劝说，去帮助。也会有些人，看到别人不幸的时候会跟着取笑、起哄，去拍视频获取流量，把别人的不幸当作自己的快乐，从别人的不幸中去谋求对自己有利的事。其实生活本不该这样。对那些处于不幸中的人要有同情心和仁爱心，要在关键的时候给他们我所能给的帮助。"悲悯（ སྙི

ཉ།)"就是仁爱和同情。"我问佛：为何不给所有女子羞花闭月的容颜？佛曰：那只是昙花的一现，用来蒙蔽世俗的眼。没有什么美可以抵过一颗纯净仁爱的心。我把它赐给每一个女子，可有人让它蒙上了灰尘。"（仓央嘉措《问佛》）仁爱是人的本心，凡是自然界的事物都是悲悯的对象。"悲悯（སྙིང་རྗེ།）"是藏族文化的传统，慈悲济世，发扬爱国精神，为国家无私奉献，在当代民族共同体意识的建设中具有积极的作用。

由"因果（ལས་རྒྱུ་འབྲས།）"而生"知足（ཆོག་ཤེས།）"，由"知足（ཆོག་ཤེས།）"而生"悲悯（སྙིང་རྗེ།）"，理解了其中的逻辑，就初步理解了藏族文化，也有助于理解藏族人的生活行为和现象。如藏族人对家的依恋，日常生活以家中的老人为中心，对生命的热爱等。藏族人对高原雪山圣湖的依恋，不论年轻求学的时候走得有多远，学成之后也终要回到高原的雪山圣湖。

第四，"众生平等（འགྲོ་ཀུག་འདྲ་མཉམ།）"。藏族文化与藏传佛教具有内在联系，佛教主张"众生平等（འགྲོ་ཀུག་འདྲ་མཉམ།）"，从藏传佛教在西藏形成的时候开始，佛教的人生主张便渗透到藏族人的日常生活中，佛教哲学表现在他们的言谈、行为、祷告中，就像酥油茶融入了他们的体味，这种体味千百年一代一代地沉淀下来，传承下来，又千百年地传承下去，成为藏族文化的基因。许多普通藏族民众都信仰佛教，"众生平等（འགྲོ་ཀུག་འདྲ་མཉམ།）"存在于普通藏族民众的头脑中，表现在他们的行为中，由宗教而成为一种社会文化的价值观。"等"即无差别或等同，佛教哲学中，平等是一切佛法的根本。不论男女、种族、肤色、信仰、身份等，都应一切平等。在佛教哲学中，众生平等是人类的基本伦理规范。"是法平等，无有高下。"（《金刚经》）"人虽有南北，佛性本无南北。獦獠身与和尚不同，佛性有何差别。"（《坛经·行由品》）生活中，不能过多地执着于我，要放下执着，"以无我，无人，无众生，无寿者，修一切善法"（《金刚经》），只有这样，才能实现众生平等。

第五，是"孝道（བཙུན་བཀུར།）"。孝道每个民族都有。"孝"的本质是对长辈或老人的敬和爱。世俗文化和佛教伦理行为都推崇孝养父母，"孝养乃百行之先，孝心即佛心，孝行无非佛行，欲得道以同诸佛，当须孝养二亲"（《莲宗宝鉴卷一》）。不过，不同的民族，孝道的表现方式不同。"夫孝，德之本也，教之所由生也。""身体发肤，受之父母，不敢毁伤，孝之始也。立身行道，扬名于后世，以显父母，孝之终也。夫孝，始于事亲，中于事君，终于立身。"（《孝经》）儒家文化中，孝是德行的根本、教化的根源。儒家文化的"孝"，最终的落脚点在于"立身"。然而，藏族文化的"孝"不是指向"立身"，而是直接指向老人和长者，这一点与儒家文化的"孝"有差异。在拉萨与在内地的城市可以看到一个有明显差异的现象：在拉萨市区，一些公共的场合，扫地等做卫生的这一部分劳动者中很少有老人，而很多内地的城市，在一些商场、街道、马路等公共场合，扫地等做卫生的劳动很多都是由老人做的。这是汉族和藏族两种文化对"孝"的践行方式的差异。

在藏族文化中，子女留在父母身边是尽孝道。比如一个家庭有三个小孩，这三个小孩谁如果以后学成归来，留在父母身边，那就是尽孝道的。不是那种说父母分了多少钱给子女，子女就要赡养父母。在藏族人心里，子女能尽孝道是子女的福分，所以西藏这边很少有那种家庭中有好几个子女，老人却没人管的事情。

这种情形与内地相差很大。内地的老人，他们自己也有这种想法，他们总会认为子女有子女的事，我们要独立。他们经常会说，"现在我们老啦，不中用啦，拖累小孩儿了"等，但是通常情况下，藏区的老人不会有这种观点。

拉萨师专的旦格老师给我讲了他本人的一次经历：

"我前两天上课的时候，正好我母亲来电话了。我说：'同学们，我耽误大家一分钟，我母亲很少在我上班的时候给我打电话。'我于是就到教室外面接了母亲的电话。我说：'老妈怎么了？'她说：'没什么事儿，就是想你了，给你打个电话，你在上课吗？''对，对，对。''那你先上课吧，我过会儿再打。'然后，母亲就挂了电话。

"我回到教室后，同学们就问：'老师，家里有什么急事吗？'我说没有，就是老妈想我了，给我打个电话。同学们都笑了。我说我这个电话不得不接。虽然她没有什么很大的事情跟我商量，但她好不容易养育了我们兄弟三个。我每次接到老妈的电话，虽然都是她在聊一些鸡毛蒜皮的家常的小事，但是我会细细地聆听。我每回跟母亲打电话通常都保持在 45 分钟以上，有时是一个小时以上。我每次都会跟自己说一句话，我还有多长时间能够听到电话那头母亲的声音。这时我看到有些同学的眼眶都湿润了。"

在藏族的家庭中，母亲的地位是最高的。一个家庭里面，比如在藏族农村，老大老二老三兄弟三个，每个人都有几十亩的地，现代生产工具、生活工具、交通工具等也都齐全。但是这个家庭里是谁说了算？是他们的母亲，就是一个老太太说了算。要是老太太她稍微骂一两句，任何一个儿子都会心服地接受。这是藏族家庭的传统。藏族家庭多以老人为中心。

有这样一个网络视频。重庆有一个特别壮实的汉子，带着他八十几岁的老母亲来西藏的布达拉宫。老母亲由于太老而又瘦又矮，腿脚也不方便。布达拉宫很高，比十层楼还高，楼梯特别多，正常人爬上去都特别困难。楼梯上去下来的时候，壮实汉子都是像背小孩一样把母亲背在背上。这不就是我们平时所说的孝道的一种体现吗？在西藏，尤其是农村牧区，对老人都是这样。西藏牧区的年轻人到城市里买房子，首先要把父母的房子买好，再考虑给自己的小家买房子。帮助父母买一个大房子，父母有了大房子，兄弟姐妹可以聚集到父母那里，和父母生活在一起。

人不论走多远、飞多高，终不能忘记他的家，他是从童年长大的，他出生的"家"是根本的。人生的道理再抽象，对父亲母亲的爱是具体的。不论哪一个民族、哪一种文化，"孝"都是人生和社会伦理的落脚点。

二、"苦"是人生"因果"的始因

再说第二组关键词。

藏族文化的渊源是藏传佛教，因此理解藏族文化从藏传佛教哲学入手。"行无常（ འདུས་བྱས་ཐམས་ཅད་མི་རྟག་པ།）、有漏皆苦（ཟག་བཅས་ཐམས་ཅད་སྡུག་བསྔལ་བ།）、诸法无我（ཆོས་ཐམས་ཅད་སྟོང་ཞིང་བདག་མེད་པ།）、寂静涅槃（མྱ་ངན་ལས་འདས་པ་ཞི་བ།）"，"四谛"指"苦谛（སྡུག་བསྔལ་བདེན་པ།）、集谛（ཀུན་འབྱུང་བདེན་པ།）、灭谛（འགོག་པའི་བདེན་པ།）、道谛（ལམ་གྱི་བདེན་པ།）"。

藏族文化的第二组关键词与第一组关键词具有相同的文化逻辑。这里以"四谛"进行解释。查阅佛教哲学的书，"谛"意为真实不虚，以表明所说的道理无虚谬。佛教哲学认为宇宙万物都是迁流无常的，没有恒常不变的自在实性，人生也是变化莫测的，并且充满了各种痛苦。佛教的终极关怀是消除人生的痛苦，脱去烦恼。

"苦谛"是人生苦的真理。"苦谛"阐释人生的根本是苦的，是对人生现实的描述；"集谛"阐释人生痛苦的根源，即"贪欲、嗔恨、愚痴"三种烦恼，"集"是聚合、召感的意思；"灭谛"是消灭痛苦的方法，即保持"清净、博爱、慈悲、和善、同情、了解与宽容"，"灭"是涅槃或解脱的意思；"道谛"就是修道，是解脱人生苦恼的方法。"苦谛"是人生的初始因，因为人生皆苦，所以要探寻那苦产生的根源，寻出了人生之苦的根源，就要有解除苦的方法，知道了解除苦痛的方法就要修道人生。佛教哲学是救世的哲学，帮助众生脱离苦海。"四谛的内容可作以下的比喻：'苦'像众人罹患疾病，'集'是生病的原因，'灭'是疾病的痊愈，'道'是治病的药方。身体疾病，自然会感到痛（苦），经医师诊断，确定病因（集），同时接受药方（道），依法服用，便可消除病痛，获得健康（灭）。"[1]

---

① 刘贵杰：《佛教哲学》，台湾五南图书出版股份公司 2006 年版，第 39 页。

藏传佛教有其特殊的社会历史背景，其义理深奥，不熟悉其特殊历史背景的人难以理解。藏族文化的伦理准则很多，如知恩报恩、尊老爱幼、止恶行善等，这些伦理准则与当代文化的核心价值观有许多一致性。

与第二组藏族文化关键词相比，第一组关键词更通俗一些，与当今生活融合度更高，也更容易理解，对生活的态度也更乐观一些。

卡久寺外山道上的转经筒

仓央嘉措有一首诗《见与不见》，说的就是人生的因缘。

　　你见，或者不见我

　　我就在那里

　　不悲不喜

　　你念，或者不念我

　　情就在那里

　　不来不去

　　你爱，或者不爱我

　　爱就在那里

　　不增不减

　　你跟，或者不跟我

　　我的手就在你手里

不舍不弃

来我的怀里

或者

让我住进你的心里

　我爱我的亲人，我爱我的朋友。我爱我的同类，也爱我的异类。我们每时每刻都要珍惜我们身边的人。童年时代，我爱我的同伴；学生时代，我爱我的同窗；工作的时候，我爱我的同事；旅行的时候，我爱我的同行者。同坐一辆车，同行一段路，同在一张饭桌上吃饭……都是一种缘分。"因果"中的这个"因"字除了"因"之外还有"缘"的意思，因缘聚合嘛。

降生和死亡的仪式

一个生命来到世界上是一件自然的事情，也是一件伟大的事情。无论是谁，无论这个人是多高贵或是多卑微，是多长寿或是多短命，只要来到这个世界，都必须经历两个仪式：降生和死亡。

一

不论是哪一个民族，一个生命的降临都是一个巨大的喜庆。"降生"是个体生命要面对的第一个人生仪式。个体生命降临的这一天需要记住。与"降生"仪式相关的是生日仪式。一个生命来到天地间，最先受到的爱抚来自母亲，接下来才承受天地间的阳光雨露。因此，庆祝生日仪式的时候第一要感谢母亲，第二要感谢天地。

个体降生到这个世界就是一个生命存在，个体在现实的世界中要有自己的名字，而生命落地，开始是没有名字的。于是，父母或族长要给新降世的生命取名。小孩子的名字与小孩子的命运有密切的联系。小家碧玉、大家闺秀、山野村氓、刀笔小吏，地位不同，生活环境不同，取名的讲究却是相同的。

　　取名的仪式是降生仪式的一个组成部分。汉族的民间传统，孩子首先有小名（乳名），到读书启蒙的年龄有大名（学名）。取名时要讲究名命相称，若名命不相称，这个孩子就会遭遇灾难或生活坎坷。所以，从前农村的长辈给孩子取名，叫阿猫阿狗的多，猫狗命贱，易养大。俗话说："贱名好养活。"孩子取名太高大太富贵，若五行不和、名命不相称会折寿，或小孩长大后的生活会多坎坷。

　　汉族文化很重视新生小孩的生日，在一周岁的时候，要举行"抓周"的仪式。在小孩出生满一周岁那天，由家庭中的长者先备好钱财、书籍、砚笔、算盘、农具等器物，将这些器物放在桌子上，小孩就在众人的注视下去抓取其中的一样东西，小孩第一次抓在手里的东西就预示着这个小孩未来一生的命运或这个小孩将要从事的职业，如果抓到钱财长大后就会富贵，如果抓到书籍和笔砚将来就会成为一个读书人，如果抓到算盘将来就会是生意人，如果抓到农具就会是农民。儒家文化轻农，不重视体力劳动，中国的民间传统多视体力劳动为低贱职业，田间劳作的人处于社会底层。这种思想也影响到对小孩的养育上。古代的父母都不希望自己的小孩长大后从事农业劳动，就像现在的大多数年轻人找工作时都想得到一份体制内的工作。

二

　　藏族传统的"降生"仪式不同于汉族。过去，藏族人不太注重生命降临的确切时间，藏族人更关注生命降临的气候、季节，若要问生命降临的具体时间，则会说："是收青稞时生的。""你妈妈上山割草时，你就生下来了。"从藏族文化的传统来看，生命就是一次一次的轮回，生命的来来去去，就像太阳的东升西落。我的一位藏族同事，婚后添了小宝贝，家庭充满了喜庆，这位同事在他的朋友圈晒他的喜庆，其中有一句话是"小生命是天地间的一位过客"，如果用这样的话给添了小孩的汉族家庭道喜，一定会被骂走，藏族文化则不会有这种看法。藏族人看重生命的诞生，更看重生命的延续、生命的转换。生命自身的价值在藏族文化中有崇高的地位。

在藏族传统中，小孩出生后不会立即就给他取下名字。很久以前，西藏地区医疗条件差，又没有严格的人口管理制度，小孩要到五岁的时候才会给取名。"从婴儿呱呱坠地到五岁以前，一般认为这时的生命就像花儿还没有开放一样，是否可以存活，听天由命。只有到了五岁，满地活蹦乱跳的孩子才会让大人看到一个人生命的活力，看到一个人的佛缘和慧根，也才能看出他未来的生命和发展。"①当代西藏，虽然医疗条件与过去相比发生了天翻地覆的变化，生育条件得到巨大改善，生育时产妇和小孩的生命安全能得到充分保证，但在西藏的许多牧区，给小孩取名的仪式仍然要等到小孩一周岁的时候。现在，给小孩取名可以是家庭的长者，或是喇嘛。藏族文化认为，小孩的名字取得好，小孩的未来就会顺风顺水，一生幸福；如果名字取得不好，就会波折坎坷，多灾多难。这一点，汉藏的生育文化也差不多。如果遇到小孩经常生病或遭遇大的不幸，就会请喇嘛给小孩重新取名。

在藏族文化中，给小孩取名与在汉族文化中给小孩取名不一样。汉族讲究祖辈的姓氏，一个家族就是一个姓延续下来，赵钱孙李、周吴郑王之类。古代的中国，同一个姓氏还会建立一个祠堂，祭祀共同的祖先。在藏族文化中，名字与家族是没有关系的，一般是根据小孩出生的日子、自然界的物体、父母的愿望等因素来确定。如"次仁"是长寿，"尼玛"是太阳或星期日，"达瓦"是月亮或星期一，"米玛"是星期二，"拉巴"是星期三，"普布"是星期四，"巴桑"是星期五，"边巴"是星期六。"达瓦次仁"就是指这个小孩是星期一出生的，父母希望小孩长寿。所以在藏族人中，同名字的非常多。

---

① 丹增：《大地是生命的祭坛》，四川民族出版社2021年版，第179页。

三

和汉族一样，藏族对一个人生命中许多特定时间的生日都要举行纪念的仪式，如五岁、十八岁、三十六岁、六十岁、八十岁的生日。随着人们生活条件的改善，生日仪式也在发生改变。"本命年"在汉族文化中是一个很受重视的生日年。一次与一位藏族老师交流，才知道藏族人也讲究十二生肖，也非常重视"本命年"。这位老师告诉我，老一代藏族人在"本命年"的时候一般会找一个合适的时间到山南洛扎县的卡久寺去祈福、转经、走转山道。在西藏，不同的地区，过"本命年"的风俗会不一样。这位老师接受汉族文化教育程度很高，汉语水平也很高。在西藏，很多藏族老师都有内地上学的经历，在这一群老师身上，汉藏文化融合的程度很高，藏族传统的文化精义与当代科技文明和时代价值在他们身上很和谐地体现出来。在他们身上没有出现文化的割裂、对立和冲突，他们的语言、行为、人际关系体现出中华文化的和谐。"汉藏一家亲"是文化融合的生动描述。

每一次生日，都是一个人所经历的岁月的增加，也是一个人未来旅程的缩短。天地周转，生命从天地中来，又回到天地中去。这是生命在宇宙间存在的客观规律。

四

讲完了降生和生日的文化，再来讲死亡和葬礼的文化。

就像降生是来到世间一样，死亡是对世间的告别。生命的降临是一场喜庆仪式，生命的告别是一场庄严庆典。死亡是每个生命不能逃离的选择。汉族文化重"土"，人活着的时候安土重迁，人去世后要入土为安。

在国家实行火葬形式殡葬改革前，土葬是汉族人最重要的安葬形式，历史上我国南方地区也有少数地方有水葬的形式。

五

在藏族文化中，人去世后的安葬仪式有塔葬、土葬、天葬、水葬等。

当代西藏，土葬几乎看不到，但土葬是西藏的历史上曾经有过的安葬形式，如山南松赞干布墓、昌珠寺附近的古墓群。西藏还有少数地方至今保留有树葬的习俗，树葬主要是未成年的小孩夭折后的安葬形式，如波密卓龙沟路巴族的树葬群。卓龙沟位于波密县城扎木镇南面六公里的一片原始森林里。进山之后，汽车沿着山路向前行驶，路两边的树上挂满了经幡，与其他地方见到的经幡不同，这里的经幡上都印着许多藏文。车子开到一个大院子前面停下。院子里面有一座寺。走过寺门口，在院子的尽头有一道掩着的栅栏门，推开门向里走，就进入了树葬群。一进树葬群，就能听到树丛中的音响不停地播放着祈福经咒。进入树葬群，对生命的敬畏之情会油然而生，心中为早逝的生命祈祷，祈愿灵魂早进入天国，生命早日轮回。一条小溪从森林里流出来，原始森林的尽头是一座冰川。生命从自然中来，最终要回归到自然中去。树葬这种仪式是否有生命早日升天的祈福意义在里面，我没有进行过深入探究。

塔葬是藏族文化中最高贵的葬礼仪式。在布达拉宫里面有许多灵塔，灵塔内有一尊端坐在香料坐垫上的肉身。这就是塔葬。日喀则的扎什伦布寺内也有塔葬的肉身。在西藏只有极高地位的人去世才能享有塔葬的仪式。相关资料显示，在西藏，享有塔葬仪式的高僧只有百十来位。

天葬是藏族人最常见的一种安葬仪式。关于天葬，藏族文化是这样理解的：大地是生命的祭坛，雄鹰是天路的坐骑，宇宙是灵魂的居所。生命是自然的安排，生活是自己的主宰，随遇而安，生死随缘，生命轮回。过去、当下、未来是生命在宇宙间的存在时间和位置的变换。"用一朵莲花商量我们的来世,然后用一生的时间奔向对方。"(仓央嘉措)

西藏最早的天葬台是直贡梯寺天葬台,距今已有七百多年。直贡梯寺天葬台是西藏尊位最高的天葬台。直贡梯寺距离拉萨有一百多公里,正常情况下每天都有大巴车从布达拉宫广场开往直贡梯寺。

下面这段文字,是我 2022 年四月中旬去直贡梯寺回来后写的一篇记录:

"早上 5 点 40 分起床,这是来拉萨后的第一次早起。

6 点 30 分出门,在路边等从大昭寺开过来的去寺庙朝拜的客车。

7 点 10 分上车,有些路段不好,颠簸得厉害。

10 点钟的时候到了一片开阔的雪山脚下。东边是雪山,西边的山在阳光的映照下,光照耀眼。汽车向前行进,突然发现,从半山腰开始,一直到达山顶,都是红白相间的房子,远望去,密密的,排列在山腰,直到山顶。山势笔直陡峭,没有发现上山的路,也没有发现天梯。车向前开了十几分钟后,渐发现前面有一条盘山的路。车开到近前,路很窄,弯很急,"之"字形。坐在车上除了对司机的百分之百的信任,没有别的意念。到了直贡梯寺前,虽然有一块略显开阔的地带,但心里还是觉得就像停留在悬崖上一样。直贡梯寺和西藏许多其他的寺一样,都建筑在山间悬崖之上。

作为一名游客,我不懂藏传佛教的深奥义理,除了对寺中喇嘛和信徒的尊重,还有对寺建筑本身的兴趣。高、险、紧固是直贡梯寺建筑本身的特点。都是石头建成,山上就地取材,整个建筑依山势而修。

直贡梯寺后面的山坡是天葬台。天葬台不是在山顶,而是位于一片开阔的山腰上,有成百上千只神鹰在天空盘旋。

　　这处天葬台据说是亚洲最大的天葬台，也是西藏最早的天葬台。去看天葬的人，有心存敬畏的，也有出于好奇的。举行天葬时，住在天葬台边上的喇嘛，不允许外人走近天葬台。

　　天葬仪式庄严而神圣。神鹰在山顶盘旋飞翔，神鹰盘旋的地方指示着天葬台的位置。"

　　西藏历史上，第二个天葬台在山南桑耶寺后面的秀山，已有六百多年的历史。桑耶寺是西藏第一座寺庙，建于762年。山南是藏族文化的发源地，曾经是藏族文化的中心。

　　西藏不同地方的天葬风俗在具体形式上也存在差异，如有的地方在天葬仪式完成后要保存逝者的头骨或牙齿。藏族作家丹增在《生日与哈达》这篇文章中也写道："我这个没能在母亲床前送终，没有尽到孝心的儿子，唯一能够补偿母亲的养育之恩的，是忠实地遵从母亲生前的遗嘱。我将母亲的遗体葬在尊位最高的直贡梯寺的天葬台，让亲属把母亲的一颗门牙带回了云南。"[①] 我曾经与几位关系比较亲密的藏族老师聊天，问他们对天葬的看法，他们都说，将来自己老了也会以天葬的仪式回归自然。

　　水葬也是藏族人去世后的一种安葬仪式。发源于喜马拉雅山脉的雅鲁藏布江是西藏第一大河，流经日喀则、拉萨、林芝，最后经墨脱流向印度。开车在雅鲁藏布江边行进，偶尔会发现水葬台。水葬台附近的山崖上常常会画着很多白色的梯子，这些梯子是帮助灵魂升向宇宙天国的。不论是天葬还是水葬，藏族文化对生命价值的敬重、生命轮回的理解是一致的。

六

　　藏族文化有一种宇宙轮回观。轮回又称"流转""轮转""轮回转生""生

---

① 丹增：《大地是生命的祭坛》，四川民族出版社2021年版，第249页。

死轮回"，意思是生命如车轮转动不停，众生死了又生，生了又死，生死不已，循环不息。"'轮回'即因果相续，生死相续，回旋不停，无有止息。"① 藏族文化的宇宙轮回观影响了藏族人的生死观。

死和生一样，是生命的过程。生命是世间的过客，宇宙是灵魂的居所。"藏民族在离太阳最近的独特环境中繁衍生息，逐渐形成了自己独特的宇宙观和世界观。"② 生命的来，是自然的事；生命的去，也是自然的事。众生平等，万物有灵。

死亡是现世人生最后一次告别，也是现世人生最后一次礼仪。对有信仰的人来说，生命教育不只是"如何生"的教育，还要有"如何面对死"的教育。向死而生。

---

① 刘贵杰：《佛教哲学》，台湾五南图书出版股份有限公司 2006 年版，第 231 页。
② 丹增：《大地是生命的祭坛》，四川民族出版社 2021 年版，第 105 页。

青藏高原的石头

一

青藏高原是一块完整的大石头，藏民族的历史和文化就形成、生长、繁衍在这块大石头上。这是我来西藏后，青藏高原和藏族文化在我头脑中产生的第一印象。青藏高原这块石头是在亿万年前从印度洋的海底生长起来的。一次去珠峰大本营游玩，在定日县城一家小旅馆的柜子上，发现存放着各种各样的海洋生物化石。第二天在翻越加乌拉山时，有人在路边售卖海洋生物化石，这次经历初步证实了我在中学地理课本上学到的珠峰是从海洋里生长起来的知识。

在藏族的文化传说中，藏族先民认为喜马拉雅山原来是一片海洋。藏族人对雪山具有敬畏感，他们赋予雪山以神奇的传说，在雪山脚下闭修、祭祀，形成独特的雪山文化。珠峰脚下的绒布寺的寺名"绒布"意为森林峡谷尽头。在藏文化的传说中，珠峰所在的地方原来也是一片森林。

在 2022 年 4 月开始的"巅峰使命"珠峰科考活动中，来自中科院的古植物科考队在珠峰地区发现了距今 1500 万年的植物化石。科学考察再一次证明珠峰是从海洋中生长起来的。关于珠峰形成于海底，央视新闻这样报道：

> "2亿多前前，喜马拉雅山脉还被特提斯海覆盖，印度洋板块和欧亚板块的碰撞，导致地壳上升，海底变成了如今地球上最高的山脉喜马拉雅山脉。这些化石正是喜马拉雅山脉剧烈地壳运动的见证。"

有关数据显示，青藏高原现在还以每年两厘米的速度向上生长。青藏高原是一块不断生长着的石头。

二

从飞机上俯瞰青藏高原，雪山连着雪山，山峰连着山峰。

青藏高原的山是石头山。裸露在外的是岩石，雪山冰川下面也是岩石，深湛的湖水下面还是岩石。

贡嘎机场建在贡嘎山谷的平原上，一出机场航站楼，眼前就是大山：近处是石头山，远处是雪山。山上植被极少，大都裸露着风化的岩石，偶尔也能在山脚看到一些人工种植的草和树，那些草和树都扎根于岩石之上。

整座拉萨老城都是建筑在石头上的。拉萨周围的山全部是石头山，山上的岩石多呈褐色，有的风化程度高，有的几乎没有受到风化。山岩之上常常能看见各式各样的大大小小的寺和白塔。拉萨城北郊有一座山叫娘热山，山的半山腰有一座帕崩岗寺，当地人又称"帕邦喀"，在藏语里意为"巨石上的宫殿"。一位藏族朋友同我说，从山脚爬到半山腰的寺需要一天的时间。爬山的藏族人一般头一天要在寺里住一晚，第二天再爬上娘热山的山顶。山上全部是石头。

布达拉宫建立在红山（玛布日）上，红山是一块凸起的完整石头。布达拉宫对面的药王山是一座石头山。布宫对面隔着拉萨河是南山公园，南山公园南边的山顶是祖国万岁山。

挂在悬崖上的扎耶巴寺大殿

西藏大多数的寺都建立在山石上：或建基于山石，或依山石而立，或凿岩为洞而成寺殿。松赞干布和文成公主的夏宫雍布拉康建在山南泽当镇东南的扎西次日山的山顶上，扎西次日山是一座巨大的石头山。西藏三大寺的甘丹寺、哲蚌寺、色拉寺都是建在山石上的。甘丹寺直接建立在达孜县拉萨河南岸的旺波日山的山顶，甘丹寺的建筑，布局密集，气象壮观。哲蚌寺位于拉萨市西郊十公里处的根培乌孜山南坡上，寺就山势逐层而

建。色拉寺位于拉萨北郊色拉乌孜山的山石上。西藏四大隐修地之一、距今1500年的扎耶巴寺建于距拉萨城东北30公里扎耶巴村的悬崖峭壁之上，其中最著名的一座寺殿就是从绝壁上开凿出的一个山洞，据传寺内有108座山洞。由于扎耶巴寺海拔高，内地去扎耶巴寺游玩的人容易出现"高反"。扎耶巴寺我去过两次，第一次出现了"高反"，没有上到那座绝壁上的大殿。第二次是带着儿子去的，儿子出现了严重"高反"，我要照顾他，也没有登上悬崖间的大殿。

与扎耶巴寺建筑有点相似的是日喀则市定日县的协格尔曲德寺。协格尔曲德寺也是依山而筑，海拔4300多米，规模宏大，但没有扎耶巴寺险峻。这座寺的墙体采用石块与土坯砌筑，形式独特，经过4次不同规模的复修、扩建。协格尔曲德寺背靠着大山，站在寺的位置向寺背后的山顶

望去，能看到许多废弃的古寺墙壁旧址，墙壁都由石头砌成。断壁绝立，直插云天，景象壮观，令人神往，却又无法靠近。不知道智慧的藏族人民是怎样在绝壁上建筑起这座古寺的。从拉萨去珠峰大本营要经过定日县，我们那次去珠峰大本营头一晚就住在定日县的一个小镇上。协格尔曲德寺在定日老城，定日老城建筑在协格尔曲德寺山下的一片河谷平原上，一条河穿过城区，河里的水很清澈，是附近冰川融化的雪水形成的河流。从协格尔曲德寺向下望去，定日老城的建筑布局整齐，烟火气旺。我们到达定日县城时，天色已晚。游玩结束，从寺内出来，夜幕拉下，刚好是一个满月的日子，湛蓝的天空下，昏黄的月亮，这座高原边疆小城被山包围着，祥和安静。在协格尔曲德寺的门口，遇到一群刚从山下镇上回来的喇嘛，他们都穿着红色的喇

哲蚌寺的石砌红墙

通往定日县城协格尔曲德寺的石阶和山顶古堡石墙遗迹

嘛服，手上拿着从小镇上采购回来的生活用品。遇见我们，他们都很热情，停下来，开心地与我们交谈。门口放着多辆共享电动车，是喇嘛们从小镇骑上来的。现代生活也影响到寺中的喇嘛们，他们也玩微博、发微信朋友圈，那些香火旺的寺条件好，喇嘛们喜欢用最新款的苹果手机，开进口的豪车。在西藏，定日县是文化开放较早的地区之一，当时有许多外国的游客去珠峰旅游，定日县城的藏族人在与这些外国人打交道的过程中，较早接触到了西方饮食和日用品。

三

西藏人民抗击英寇的江孜古堡建基于江孜县城的宗山山顶。江孜县属于日喀则市。江孜古堡附近有著名的白居寺。江孜古堡和白居寺也都是建

江孜县的帕拉庄园，一座保存完好的西藏奴隶主庄园大门

筑在山上，不同的是，江孜古堡建在山顶，白居寺建在山脚。白居寺内有保存相当完好、难以数计的精美壁画和塑像。游客向管理的寺僧交纳 20 元钱的管理费后可以在寺内自由拍照。绘画艺术工作者走进白居寺一定会得到许多创作的灵感。

石头是西藏传统建筑的主要材料，西藏除了寺庙建筑主用石料，普通居民的房子也多用石头垒砌而成。传统的西藏的建筑，墙壁都很厚，普通居民的房子也都有一米左右的厚度。曾到过西藏至今保存完好的两处奴隶主庄园，一座是江孜县城西南班觉伦布村的帕拉庄园，另一座是江孜县少岗乡朗巴村的朗通庄园。两处庄园的外墙和内墙都用石块砌成，坚固且保温。这两处庄园周围村民们的房子也都是用石块砌成的，与庄园建筑不同的是，村民们的现代建筑是用水泥和沙作为辅助材料，庄园建筑则用泥土等物作为辅助材料。

四

西藏的石头第一次让我产生深刻印象的，是我刚到拉萨不久。一次从拉萨去林芝班松措旅游的途中，路过一条大河，看到河滩上成片的、大大小小的鹅卵石，各种形状，各种颜色，还带着花纹。这是我第一次看见这么大片的鹅卵石自然铺开的壮观场面。我们停下车，走在石滩上，心中感叹：这是青藏高原的石头，一定要捡一块回去。同游的人都在石滩上寻找自己喜欢的石头，由于好看的石头太多，我们是捡起这块却又舍不得丢掉那块。最终，我捡了一块中意的石头带回拉萨。这块石头现在放在我的书架上，看到这块石头，我就会想起自己在拉萨的援藏生活。

石头在藏族人民心中是有灵性的东西。藏族人一般情况下不会从路边捡石头，更不会把石头带回家中。藏族人认为，是不能将神山圣湖的石头捡回家的。这种文化习俗是我后来才知道的。但听藏族老师说，也有一种例外的情况。就是在捡石头的时候要对神山圣湖真诚地表达自己的需求，说带回去后一定好好珍藏。不然的话，就有对神山圣湖的冒犯感。

班松措河滩捡石头这一次经历让我印象深刻，但还不震撼。西藏的石头给我带来视觉和心灵震撼的是今年"五一"到山南的那次出游。从洛扎县卡久寺回来的途中，我们去洛扎县的白玛林措。汽车从洛扎大峡谷的河谷公路岔入一条刚刚在山崖上新开的路，翻过一座险峻的大山，再沿山谷向前走几十公里就是白玛林措。快到白玛林措的时候有一个小村庄，出了村庄，映入眼帘的是大大小小的鹅卵石，没有树，没有草，一条小河从河谷间流下来，河谷的尽头是雪山，小河的河岸用石头砌得整整齐齐。车子沿着河谷向前走，越向前，出现在眼前的鹅卵石越大。车子在白玛林措下边的旅游营地停下，向前再步行 300 米就是白玛林措。我站在白玛林措营地，从立脚的地方放眼望去，整个的山谷河滩上都是鹅卵石，小的几十斤、几百斤，大的成千上万斤，石头在眼前平铺开，简直是一个鹅卵石的世界。真不知道这些大大小小的鹅卵石是怎么形成的，如果是洪水，那得有多大的洪水才能把成千上万斤的石头从山上冲下来？一般的游客都惊艳于白玛林措湖水的美，我却惊叹于白玛林措下边这片鹅卵石的壮观雄伟。

青藏高原石头的美是伟岸阳刚的美。

在西藏，美不是婉约，而是阳刚，哪怕是最具有婉约特征的湖水。西藏的许多湖被称为"圣湖"，其"圣"始于湖水的阳刚。西藏的湖水不同于内地的湖水。

石头的阳刚和水的阳刚构成了青藏高原的美。

五

青藏高原的石头第三次让我产生震撼感是在琼穆岗日雪山脚下。琼穆岗日在藏语中意为"有学问的仙女"。琼穆岗日雪山海拔 7048 米，普通游客能到达的山脚，海拔是 5300 米，这座雪山在若干年前是珠峰登山运动员攀登珠峰前的训练营地。冰川脚下是一个冰斗湖，立在湖边，远望冰川，非常壮观，敬畏从心底自然而升。但当我在海拔 5300 米的湖边偶然回头向下望去时，又见到另一种壮观：整座山的山坡上布满了石头，大大小小，密密麻麻，整整齐齐，山坡平缓而开阔，石头间纵横交错着冰川雪水融化形成的小溪，有的地方结有冰凌，有的地方开出了冰花，阳光下冰凌和冰花金光闪动。站在神山脚下，心灵沉醉于大自然的鬼斧神工。这时，我才明白，为什么西藏有那么多神山圣湖，有那么多人对西藏这片土地充满神往。

珠穆朗玛峰脚下的玛尼堆

这里还要再说说珠穆朗玛的石头。"珠穆朗玛"在藏语中是"大地之母"的意思。"按藏族文化滥觞期的解读，藏地的庞杂神祇，跟人类一样，构成相互亲缘关系。譬如珠穆朗玛峰，她的父亲是洛拉亭普，母亲是章梅门吉，她有七个兄弟，五个姊妹。高原繁衍生存人类后，珠穆朗玛兄妹和众多鬼神猖行雪域，给生灵制造了诸多危害。后来，松赞干布倡行佛法，驯服了鬼神，但未能彻底治理鬼神猖獗的局面。"①

珠穆朗玛峰就是一座完整的石山，像刀削一样，壁立千仞，从其被冰川包裹着的轮廓就可以推测出山的内部结构。珠峰脚下的石头与前面几处说到的石头有些不一样，珠峰脚下的鹅卵石是散乱分布的，没有前几处看到的那么密集，在鹅卵石间有许多细小的砂砾。珠峰北坡的绒布河由北坡的东绒布冰川、中绒布冰川、西绒布冰川的泉水汇集而成。绒布河边上有座绒布寺，绒布寺是世界上海拔最高的寺。绒布寺门口有一个邮政所，这是世界上海拔最高的邮政所。邮政所是用帆布搭建的，邮

萨普神山的三角形冰川

① 平措扎西：《寻迹：在珠穆朗玛峰脚下》，西藏藏文古籍出版社 2019 年版，第 434 页。

政所的门与绒布寺的门正对着。邮政所的门口立着一只绿色邮筒，邮筒上面写着"中国邮政"。许多游客到珠峰游玩都会在这个邮政所里给好友寄明信片。登上珠峰是探险家和专业登山运动员的最高愿望，作为一个普通人，能站在珠峰脚下，从近处仰望珠峰的容颜就是一种自豪。站在世界之巅，立在神山脚下，对自然心生敬畏，世俗的利欲纷争都会被暂时遗忘。

那曲比如县的萨普雪山有块冰川，从萨普湖方向看过去有两个直立的正三角形冰川，像刀切的一样，直壁而立，轮廓鲜明，光彩夺目。这个刀切的正三角形冰川包裹着的可能是一块正三角形巨石（也有可能正三角形就是一个冰山）。西藏的许多冰川都有一个共同点：边界轮廓分明。不仅是冰川雪山，就是那些没有被冰雪覆盖的山峰也具有这个特点。尤其是在黄昏时分或是在有月光的晚上，看过去，山的轮廓，刀切的痕迹特别明显。我印象最深的一次，是在日喀则的康马县城，我们在外面吃完饭回宾馆，抬头向县城四周望去：整个县城被山围着，山尖就像用刀划过一样，山峰与天际界限分明，给人的感觉是倘若登上了峰顶，伸手就能触摸到天空。

六

西藏还有一种石头，草原上的石头。汽车行进在青藏线上，进入那曲后，会看到路边与远处雪山相接的藏北大草原。夏天的藏北草原，牧草肥美，尤其是在当雄一带，站在路边，放眼望去，是满眼的绿。但藏北草原不像内地草原，内地草原的绿草下面是肥沃的土壤，藏北草原绿草下面盖着的是砂砾和鹅卵石，砂砾和鹅卵石下面是坚硬的岩石，亿万年冰川融化的雪水在砂砾的罅隙流淌，为草原提供水分，增加草原的湿度。

甘丹寺背后山顶上的石砌断墙

石头在藏族人民的生活中除了用来建寺盖房，还用来建筑动物围栏。走在藏南峡谷的"天路"上，会看到在与雪山相接的山坡上有很多石头垒起来的围栏，或大或小，大的占满了半个山坡，小的跟普通房子那么大，这些围栏是牧民们用来在夜晚和冬天圈牦牛和羊的露天牛圈和羊圈。从扎耶巴寺远望对面的山坡，会看到一个把整个山坡都围起来的石头围栏，像是神工用笔在山坡上画的一样。藏族牧民以他们的智慧与高原的环境和谐共生。

七

在西藏，石头不仅是石头，石头还是一种文化，或是一种精神。石头能给藏族人民的生活带来吉祥。

走在西藏，到处都能看到在石头上刻着的文字或图案。在山间、路口、湖边、江畔还会看到一堆堆整齐地垒起来的石头，有的石头上刻有表示祈祷和吉祥的文字和图案。这就是玛尼堆，玛尼堆又称为神堆。在藏族人心目中，这些石头有超自然的灵性。现代科学还无法证明超自然灵性的存在与否。在藏族文化中有许多无法用现代科学进行解释的现象。

藏族文化有许多神奇，也有许多神秘。这许多神奇和神秘让人生出对天地神灵的敬畏。

万物有灵，这是传统藏族人的信仰。

一次，我去墨竹工卡县的德仲温泉游玩，看到路边摆放着很多刻有藏文和其他符号的精美石头。当时不明白这些石头的意义，后来才知道这些石头能给生活带来福祉，能给生病的人带来吉祥，让生病的人得到安康。藏族人认为德仲温泉是一个具有医药功能的温泉，泉水中含有硫黄等多种对人体有益的矿物质，可以疏通经络，调和气血，还可以治疗风湿性关节炎、类风湿等多种疾病。来这里的藏族人多是通过泡温泉治病的，刻在石头上的吉祥符号能保佑病人早日康复。

拉萨尼木县吞巴乡是藏文字的发明者吞弥·桑布扎的故乡，那里保存有吞弥·桑布扎的故居。走在吞巴乡的村子里，会发现到处都是藏文符号，房子、院子的墙壁上，路边的石头上都是文字。在吞弥·桑布扎故居的四周放有许多刻着藏文的石头，各种形状。虽然藏文主要通过雕版印刷来传播，但在西藏民间，把文字刻在石头上传播也是非常重要的形式。在神山脚下，在圣湖边上，在各种转山道上，都会看到石头上刻着的文字和图案。

西藏的石头是一种文化、一种吉祥、一种灵性、一种信仰。

吞巴乡路边石头上的藏文字

藏文字的神性

一

在这一年的援藏生活中没有去学说几句藏语、认识几个藏文字，对自己来说是一件遗憾的事。刚来的时候，也曾问长期生活在西藏的汉族教师是否会说藏语，得到的回答多是会说几句。再加上刚来时对西藏的自然和人文的新奇感，学藏语的想法被藏地风景和文化带来的新奇感淹没了。

二

藏文字是神奇的文字，在高原上行走，每次在外面看到刻在石崖上、石块上的藏文字，都有想学藏文的冲动。在藏族同胞心中藏文字是神圣的符号。藏地的许多旅游景点，都有上面刻着藏文的石头，这些刻在石头上的藏文字表达着各自不同的含义。曾与藏族大学生交流，他们在讲述自己的学校生活经历时，都要详细描述他们对藏文字的神圣情感。例如，他们在读藏文书时，父母和藏文老师都会告诉他们不要手掌心向下以单指指向藏文字，而是要手掌心向人，以手掌平着指向藏文字，以显内心对藏文字的敬畏。藏族学生不但尊重藏文字，还对藏文书本心怀虔敬，他们绝对不会用书籍作为自己的坐垫或是用脚踩着藏文书籍。藏族学生一般不会损毁藏文书籍，即使不小心损坏了藏文书本，他们也会小心地把书本修复好。文字是凝聚文化的符号，对文字的敬畏就是对文化的敬畏。藏族学生在他们的童年时代就受到了要尊重民族文字的教育，民族文字不只是日常生活交际的记录工具，还书写着民族的历史和文化，热爱文字而热爱本民族的历史和文化，这是我从藏族大学生身上看到的文化美德。

三

一次，去琼穆岗日雪山，雪山下是一个不大的冰斗湖，琼穆岗日亿万年的冰川养育着她脚下的这个圣湖。在圣湖边上，天然地立着几个巨大的石头，大石头是在地壳运动时被地力搬运到那里的，亿万年的时间里，大石头就一直停留在那里，仰望着冰川，守护着圣湖，冰川融化的雪水滋养着石头的灵性。石头上刻着藏文，我们不懂藏文也不明白那藏文符号的意思。只是出于对风景的好奇，我们便跑到大石头上坐着拍照。在西藏，神山、圣湖是不可触犯的。晚上回来，感到自己的行为似乎有点不妥。第二天到办公室问几个关系较好的藏族老师，那石头上的文字是什么意思，有没有神圣不可触犯的含义在里面。藏族老师确定了我的疑虑。我顿生愧疚，为自己对神山圣湖的亵渎行为而生罪耻感。自那次以后，每游览神山圣湖，我都心怀敬畏，小心翼翼，生怕因为自己的无知带来对文化的冒犯。

琼穆岗日雪山上的藏文字神化符号

四

在拉萨师专图书馆门口有两尊青铜雕像，东边的是孔子雕像，西边的是吞弥·桑布扎雕像。孔子代表汉族文化，吞弥·桑布扎代表藏族文化。汉藏文化融合，形成共同的中华民族精神。拉萨师专培养的学生大多数将成为传播民族精神的人民教师。汉语是我国通用语言，是每一个公民都需要掌握的语言，藏语是藏族学生的本民族语言，藏语书写传承着他们本民族的文化。

吞弥·桑布扎是松赞干布的大臣，他创制了藏族文字。桑布扎出生在拉萨市尼木县，在尼木县达琼乡吞达村至今还完好地保存着桑布扎的居所。一次去尼木县吞达村考察的时候，特意前往桑布扎的故居参观，但不

藏文字创制者吞弥·桑布扎故居

巧的是，那天桑布扎故居没有开放，我们只能在外面远远地观看。与藏文字相关的，"藏香、雕版和藏纸"是"尼木三绝"。有一次去甘丹寺，在一处大殿进门的地方目睹藏文雕版和藏文印刷的工艺过程。师傅热情而详细地介绍用什么木头制作雕版、怎么制作雕版，并用雕版当场印刷藏文佛经给我们看。可惜我们都看不懂藏文。

五

想学藏语却感到很难，这种很难的感觉被一个出租车司机以自己的生活证实。

一次我坐出租车到拉萨市区，师傅是甘肃人。聊天时他说他是汉族，他妻子是藏族，住在拉萨市的林周县。我问他是否会说藏语，他说不太会，但是借助手势能听懂一些。平时的家庭生活，妻子和他交流的时候都说汉语，妻子在和藏族亲戚朋友交流的时候就说藏语。他说他女儿现在上小学五年级，会说藏语，也会说汉语。女儿和妈妈交流时说藏语，和他交流时说汉语。这位司机说，他虽然不会说藏语，但这并不影响他们生活的和谐。

六

藏文字是一种文字符号，这种文字符号被不同的民族使用，而不只是被藏族使用。西藏的门巴族有自己的民族语言，但没有自己的民族文字，他们使用藏文字。藏文字作为符号是相同的，但藏文的发音各地相差很大。据百度百科：藏语，属汉藏语系藏缅语族藏语支。分布在中国西藏自治区和青海、四川甘孜藏族自治州、阿坝藏族羌族自治州以及甘肃甘南藏族自治州与云南迪庆藏族自治州 5 个地区，不丹、印度、尼泊尔、巴基斯坦四个国家的部分也有人说藏语。藏语主要分为三大方言：卫藏方言（即拉萨话）、康巴方言（昌都话等）、安多方言（青海藏区）。

山南的同学听不懂拉萨同学说的藏语，昌都、那曲、迪庆的同学听不懂山南同学说的藏语，还有甘肃的藏语等。藏文的学校教学语言使用卫藏方言，即拉萨话。拉萨师专藏文专业的同学上课，同是藏族学生，但来自不同的方言地区，由于不同方言的发音不同，开始时需要补课，以学习拉萨话。我曾就藏语的发音问题向一位藏语老师请教，他对藏语的发音进行了详细的介绍。

藏文字的书写使用竹笔，竹笔分为圆竹笔和三棱竹笔。竹笔的制作有特殊的工艺。书写时根据不同的对象有不同的行文方式。藏文字的书写也是一种书法艺术，藏文书法有不同的书法艺术体系。2008 年，经国务院批准，藏文书法列入第二批国家级非物质文化遗产名录。

了解一种文化首先要学习这种文化使用的语言。当年张国华将军带领

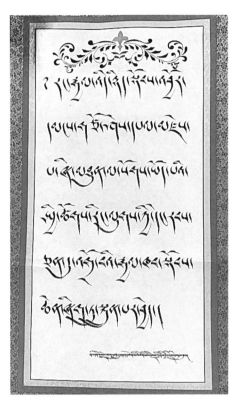

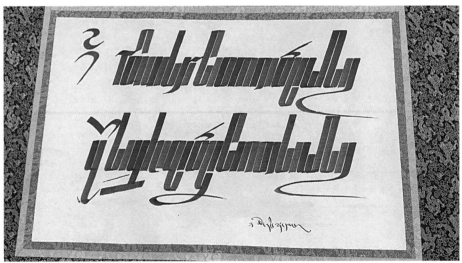

拉萨师专藏文专业学生手写的藏文书法

部队进入西藏的时候带头学习藏语，并号召全体官兵学习藏语。会藏语才能和藏族同胞积极有效地沟通。在西藏自治区基础教育学校教学的汉族老师若会说藏语，会有更好的教学效果。

若再有机会来西藏支教，我一定会与藏文初级班同学一起学习藏文。

藏族的姻亲

在西藏的姻亲关系中，嫁娶观念并不强，或者说没有什么嫁娶的概念。夫妻双方一方选择怎样生活，很多时候都是以父母（家中老人）的需求为主。首先考虑的是哪一方的父母身边没有子女照顾，一般都会选择住到哪一方，以便照顾老人，如果双方父母身边都有子女照顾，那么会选择独立出去。至于是女方到男方家里或是男方到女方家里，在我们藏族文化中都是一样的。

婚后的社交活动仍会以家庭为重，家里有老人的会优先考虑老人的需求。节假日是家人欢聚的时候，一个个小家庭会回到老人所在的大家庭中，夫妻双方也会合理安排，兼顾双方家庭。在给子女组建小家庭的时候，一般都是谁家有能力谁家就多承担一点，没有要求男方家庭买房买车的观念，两家量力而行就可以，也不会有人介意谁多谁少。日后帮忙照看子女，主要是由父母年纪轻一点、身体好一点的一方承担，或是两家一起协力帮忙。

父母一般会选择把能力较弱一点或更需要父母照顾的孩子留在身边。其他在外的孩子也会和父母一起帮衬在家的兄弟姐妹，家里的固有财产也一般会由这个孩子继承，在外的孩子通常是不会有任何意见的，他们会觉得这是理所应当的事情。父母离去后，在家的这个孩子日后也要像父母在家时候一样接待其他的兄弟姐妹，守好大家庭，做好大家长。

西藏这边，有一儿一女的家庭很多都把女儿留在家里，因为在藏族传统文化中，父母会觉得女人在家庭生活中需要承担的责任更多，会更累，在一定程度上也是弱势方，所以许多父母都会考虑把女儿留在自己身边，以便及时给女儿帮衬。父母会觉得男人不会面临生孩子等问题，在家里也不会像女人那么琐碎，自己出去吃亏受累的可能性并不大。比如我们家三个姐弟，我和弟弟独立成家，妹妹妹夫留在家里，因为妹夫在部队，平时妹妹一个人带着孩子会比较辛苦，所以就留在家里。妹夫家有他姐姐照顾父母，我老公家是他妹妹在家照顾父母，我弟妹家有她弟弟在家，这应该是西藏这边大多数家庭的常态。兄弟姐妹之间一般都会相互帮衬，比如，很多家庭都是只有一个孩子在拉萨照顾父母，其他孩子在基层牧区工作，这种情况下父母一般都会帮忙照看在基层牧区孩子的子女，在父母身边的孩子也会很自然承担教养父母不在身边的这些孩子的责任。

家是藏族文化的核心。在藏族文化中长辈是非常受尊重的，藏族家庭比较讲究长幼有序，晚辈很少会忤逆长辈。可能受文化信仰影响，年纪越大，人就越平和。所以，长辈也很少刁难晚辈，这样，在婚姻关系中，一般能够和谐相处。如果子女结婚后到对方家里生活，父母一般都会告诉自己的子女不要和老人计较，要善待老人，因为人们都会有老死的一天，要尊重老人，这才是最大的善。所以，在藏族的姻亲关系中婆媳矛盾等并不突出，年轻人也会时刻提醒自己善待老人。

如果父母条件有限，子女有能力之后，一般会先建好大家，再考虑自己的小家；先安顿父母、建好大家，再考虑自己。日常生活以家中老人为中心，这在藏族文化中是很自然的事情，男女双方都能相互理解。我们下去调研的时候，会发现那些在乡镇工作的年轻人，基本上都是先在拉萨买房，让父母和子女住在拉萨，安顿好父母和子女，自己在基层打拼。

（德吉央宗）

藏族的年味与习俗

年①味，小时候过年最兴奋的就是"古突"②之夜挨家挨户去吃突巴、抽面谜。和小伙伴们手牵手，带着自己的碗，从街头走到巷尾，一路欢声笑语，一路高歌。"古突"后面肯定是喝不下的，但是因为这份热闹，孩子们会坚持走完所有的家。家里的"古突"都是从下午开始熬到傍晚，无形中也会变成家里女主人的手艺比拼场。

在拉萨过年，"古突"之夜少了这份全民参与的热闹劲儿，却也别有一番风味，所谓"十里不同俗"。昨晚和孩子们讲起了这些风俗间细微差别的奇妙之处，也带着孩子到亲戚家串门吃了突巴、抓了面谜，让孩子们感受了长辈们童年时代的记忆。一路上鞭炮声不断，孩子们兴奋地大叫，鞭炮都在给我们开道，也看到了好玩的驱鬼仪式。抓的面疙瘩已从实物到小时候开始慢慢时兴的抓小字条（家里人要花一天的时间写上，剪好），

---

① 藏历新年相当于汉族的春节，是一年最大的节庆。从藏历十二月中旬开始，人们就准备过年吃、穿、用的节日物品。成千上万的农牧民涌入拉萨，购买各种年货。此时是拉萨一年中最为繁忙的季节。

② "古"即九，这里指二十九，"突"即突巴，是一种面粥。藏族腊月二十九吃古突以示除旧迎新。突巴团里分别包有石子、辣椒、羊毛、木炭、硬币，代表"心肠硬""刀子嘴""心肠软""黑心肠""发大财"。吃到这些东西的人要及时吐出，引得众人大笑，增添节日欢乐气氛。

再到昨晚看到的卡片式、扑克式，随着人们生活的不断变化，活动的形式也越来越多样化了。

但是，不管生活怎么变，不管什么样的习俗，都是人们对新年最美好祈愿，都是团聚的美好，都是辞旧迎新的祝福。

（德吉央宗）

文化的崇拜

小　序

文化是一种行为，一种习俗，某个特殊场景下的一种仪式；文化表现为某次离别的感恩，某个场合的祝愿。文化是一张网，每一个体都是他所在的文化之网上的一个纽结。对文化的崇拜是一种行动的力量。

一、致背母朝圣的孝子

小时候
您也是这样背着我
上山放牧
下地收割
春夏秋冬
日出日落
我在您背上长大
我身上的气味

混合着您的汗味

从您的发际散发出的浓浓奶香

是童年的味道

长大后

走南闯北

忙碌奔波

才知道

这种味道

叫做依恋

从您肩头看到的世界

安静、祥和

那时

您的背是宽阔的世界

我总能甜甜地睡着

趴在您的背上

世界像一幅油画

浓淡相宜间

静静地绽放

今天

我背起您

像小时候那样

让您从我的肩头

看这个世界

希望

依然

安静、祥和

让我背着您去转经

像小时候您背着我

虔诚向佛祖祈愿一样

为众生祈福

祈愿世界和平

让我背着您

走过神山圣水

静候四季变换

感谢您，我的母亲

让我还能如此

依恋着您

拥有着您

我只愿

我宽阔的肩膀

是您坚实的依靠

像小时候

您是我的全部一样

二、雪后的圣城 ①

转经路上

---

① 圣城，指拉萨，"拉萨"的藏文意思是圣地。

缓缓移动的人流

岗琼茶馆

喝茶的人们

老者双眸间的安详

孩子清澈的期待

忙碌的商贩

袅袅上升的桑烟 ①

用身体丈量大地

用双唇亲吻世间沧桑

任凭阳光驱散阴霾

不由自主地融进人群

小心翼翼地抚摸

赐予我一切的这方水土

凡夫俗子如我者

如何能不心怀敬畏

如何能不满怀感恩

三十四岁的第一天

冬日暖阳

我微小的悲喜

清晨美丽的邂逅。

---

① "桑"是藏语的译音，本义为"净"。桑烟，指熏香。

三、行进在天地间

推开车窗
蓝天触手可及
山脉与丘陵
在天与地的无缝拼接中
绵延舒展

汽车、火车、牛羊
安静地移动着
向着自己的方向
互不相扰

山顶上的白雪
在阳光的洗礼中
坚守着
最初的模样

草原上的风
被车窗隔离
温暖如阳
如今
也只对着摇曳的经幡
低声吟唱

车窗

将我与草原隔离

年轮

将我裹进浮华的尘世

迷失、而又回归

注定了这一世的奔波

如果注定要迷失

就让我迷失在

这广袤无垠的草原中

注定回归

就请让我回归这里

让我如此行进在天地间

让我推开车窗

触摸这一世的情缘

倾听

大地轮回的脚步

（德吉央宗）

第三编　底线守护

　　我国基础教育评价中的选拔性评价几乎替代了合格性评价，这是基础教育走向均衡发展过程中的一个根本症结。这种取向异化了现代基础教育的性质，限制了青少年儿童的个性，也使高等教育和精英教育迷失了真正意义上的公平起点。

——杨启亮

　　生源不应该成为一所义务教育学校是否薄弱的标准。学校因为生源不好而被认为是薄弱学校，反过来说，薄弱学校的产生是因为没有好的生源；没有好的生源，学校因而薄弱。这是一种悖谬。

　　义务教育的平等在于它不承担社会的分层筛选功能，它要保证每一个儿童完成最基本的教育，养成一个合格健康的社会公民必备的基础素质。

——吴亮奎

　　老师必须对学生好一点。

——安多县措玛乡小学校长

怒江之源的乡村小学

一、一所 5 名老师和 17 名学生的学校

安多县措玛乡小学位于措那湖边，海拔 4800 多米。措那湖是怒江之源，风景绝美，湛蓝的湖水，似能把人的灵魂摄入进去。措玛乡小学距离安多县城 25 公里，学校的招生范围辖措玛乡下的 6 个行政村。学校后边是高原山岗，没有被草甸覆盖的地方是裸露的高原红土和赤色岩石。由于风大、高寒、尘土多，学校的建筑是全封闭的，师生活动基本上都在室内进行。

资料显示，这所学校始建于 1967 年。一位同行的安多县的小学退休老师对我说，他当年在这边教书的时候，这所学校的学生有 350 多人，但当时只有 5 名老师，那时的校舍条件非常差。2016 年，教育局实行学校撤并，措玛乡小学停止招生，学校的老师和学生并入安多县城的第二小学。2018 年学校又恢复正常运行，开始招生，但生源情况一直都不好。学校撤并影响了措玛乡小学的发展。当时的学校撤并政策对义务教育的均衡发展，尤其是边疆地区的义务教育发展是一个极大的破坏，某种意义上说是一个政策决策的失误。自 2018 年开始恢复招生以来，学校除了学前

措玛乡小学在教室上自习课的孩子

的学生，只有一、二、三年级，学校每一年的学生总人数一直在 20 名左右，并且实际的数字呈现减少的趋势。

2021 年下半年，我们去学校调研的时候，学校有 4 名专任教师，另外有临聘的 1 名合同工学前教师和 1 名厨师。学校现有 17 名学生，这些学生全都是附近牧区藏族牧民的孩子。小学 1—3 年级学生 14 名，幼儿园学生 3 名。照数字看，师生比远超过国家标准（小学师生比 1∶23）。内地中小学师生比标准在西藏，尤其是在牧区没有多少实际意义。这一判断，我在论文《国家安全视角的西藏高等师范学校发展定位——基于拉萨师范高等专科学校生源特殊性的分析》一文进行了论证。由于学生人数少，学校没有为住校生单独安排宿舍，8 名住校生分别与 4 名教师住在一起，由住校老师负责住校生的食宿。教学实行包班制，一位教师包一个年级的教学、语文、数学、藏文、音乐、体育等国家义务教育课程方案规定的课程，教师都要能胜任。

近几年西藏自治区实行的教育均衡发展政策极大地促进了西藏基础教育学校的发展，尤其是高海拔牧区和边境地区基础教育学校的发展。偏远地区牧民子女上学的条件得到很大改善。在西藏，即使非常偏远地区的义务教育学校，办学的硬件条件也都达到了国家规定的最低办学标准。但是学校硬件水平只是办学的一个基本条件，办学物质条件的均衡只是教育均衡发展的初级阶段，师资水平是教育均衡的另一个重要指标。教育均衡要考虑教育的内涵发展问题，要指向师资水平的均衡发展。

与复式教学不同，包班制是一种教学管理形式，复式教学是一种教学组织形式。与复式教学相比，包班制的办学条件有一定的改善。包班制是同一位教师给同一个班级的学生上全部课程。复式教学是同一位教师同时给不同年级的学生上课，不同年级的学生在同一个教室上课，高年级学生上课时，低年级学生自习，低年级学生上课时，高年级学生自习。随着政府对偏远地区教育投入的增多，基础教育的发展越来越均衡，复式教学这种组织形式已很少见。但包班制在一些偏远的山区还继续存在。包班制是在学校师资数量不足的情况下，在一些特殊地区实行的变通措施。内地学校，在 20 世纪九十年代之前，包班制的教学管理形式还比较多。我 1989 年从师范大学毕业时，一些同学毕业后被分配到偏远的山区学校，有些山区学校就实行包班教学。当时的包班制教学一般都是在小学，乡级行政单位以下的村教学点。在西藏自治区的偏远牧区，包班制还存在。

二、管理者的要求与教学工作的冲突

措玛乡小学的校长瘦瘦的，个子不高，但从眼神中流露出对教育的赤诚。他说，学校虽然学生人数不多，但每一位教师都尽全力把课上好，给每一位孩子最细心的关照。"教师必须对学生好一点。"老师们用朴素的语言表达对教师职业的理解。在牧区，老师最重要的品质是平等，教师要爱学生，要根据牧区孩子的特点进行教学。聊到学校管理的困难，校长说现在学校管理过程中最大的困难是上级指派的行政事务太多，一天要跑多次县城的教育局，如果接到通知没有及时赶到就会受到领导的批评。上级频繁的会议和行政指令偏离了教学工作的中心，教育管理脱离教学，不能让一线老师百分之百投入课堂。校长希望上级教育主管部门少发行政指令，减轻基层学校的工作负担。在我们交谈的过程中，校长又接到电话，说教育局通知他去县城开会，并且必须在规定的时间赶到。我们只好中断交谈。

晚上整理措玛乡小学访谈材料的时候，我反复听我们调研组与校长谈话的录音。校长讲得很实在，很感人。这里我引用几段校长的话：

"去年我们刚刚实现了教育均衡达标。按照自治区规定的均衡标准，我们是已经达标了，并且超过了规定标准。但从我们这边学校实际的情况看来，实际的情形真的是不达标的。就像今天这种情况，一个老师要去县里面参加培训，剩下四个老师在学校，一天从早上到晚上都要上课。但还有一些更差的情况，比如说要到教育局上报材料，而上报材料的事上级总是催得很紧。上级的上级压着他们，他们也没办法，他们就向下压着催我们。我们老师去给他们报材料，我们的教室又得空着，很矛盾。一个教室必须空着，真的是不符合教育政策的，不符合教育法的。管理者什么压力都往基层压，有的时候我们真的顶不住。……我们基层学校最主要的需求就是上级管理部门能不能减轻我们的工作负担，那些与教学无太大关系的工作要减少。"

"现在最严重的问题就是管理过程中工作中心的偏移。主要是不能让老师百分之百投入在教室里面，一大堆一大堆的、杂七杂八的事让我们基层老师很痛苦。"

校长是位藏族老师，安多县本地人。他是 2015 年参加工作的。刚毕业时是在与青海交界的一个乡小学工作，那里离安多县城有 300 多公里。后来调到了现在这所学校。他经历了西藏教育的发展，目睹了西藏教育的变迁，但这种发展和变迁多体现在硬件上，"党和国家真的给了我们牧区很多，尤其是牧民的孩子真的得到了很多关怀。"党的关爱、国家的关心要实实在在地落实在课堂上，还有很多工作要做。牧区孩子受到优质的教育需要从课堂教学的改变开始。

三、师资的问题

关于师资，当前学校最困难的是没有音、体、美教师，虽然音、体、美的课程都能开起来，但课堂教学的学科专业性不强。学校教学实行包班制，学校的4名专任老师都要胜任小学全科的教学。由于学生人数少，教师要全天候地与学生在一起，教学活动几乎是"一对一"的。由于还没有到上课的时间，我轻轻推开一年级教室的门，教室里只有一名小学生坐在位子上。小孩在写作业，看见我来了，天真友好地对我微笑。我轻轻地走到孩子跟前，发现他在写数学作业，作业题是关于长度单位的问题，有一道题目是关于日光灯的长度使用什么单位。我问他是否见过日光灯，他说没有见过，不知道日光灯是什么，但我看到他在课本上填写的答案是正确的。

学校的学生对学习和生活都充满了好奇。他们规矩而友好地与我们这些外来的老师交谈。他们的知识可能没有城市学校儿童的知识扎实，但他们接受的人格教育是丰满的。学生们可爱的高原红小脸上写满了天真，眼神充满了对外界世界的好奇。我相信这种好奇会使他们一步步地走出高原牧区，走向更广阔的世界，去学习更多的知识，然后再回到他们高原的家乡，建设高原，保护高原，传播民族精神。

学校的4名在编的专任教师中，三位藏族，一位汉族。这位汉族老师是一个小伙，长得很壮实，去年刚从拉萨师专语文教育专业毕业，通过自治区的公招考试被分配到这所学校。小伙来自四川，话不多，憨厚可爱。

德央老师认识这位小伙，但叫不出他的名字。在离拉萨这么远的地方看到自己的学生，德央似乎有点激动，连着声地问小伙子见到了老师怎么不主动打招呼。我问小伙是否能适应这里高海拔的环境，他说很适应。在西藏有许多像小伙这样的青年，从内地来上大学，大学毕业后就选择在西藏工作，他们为西藏的发展作出自己的贡献。他们在完成工作的同时，也在民族文化融合的过程中发挥了重要作用。他们从事的是具体的工作，在默默工作中奉献着。

这里须补充一下阅读背景。西藏这边的在编教师招聘工作与内地省份不一样，它不是面向全国公开招聘的。近几年，西藏自治区公职人员招聘具有封闭性特点。一般情况下只在西藏自治区所属的七所高校毕业生和有西藏户籍的应届内地高校毕业生中进行招聘。由于西藏重视生态保护，大型工业企业很少，高校毕业生的就业压力大，所以在制定政策时要考虑保证西藏本地毕业生的就业机会。我在对拉萨师专一年级大学生进行访谈的时候，问起他们毕业后的就业意愿，多数学生会说要报考公务员或考取一个公办学校的教师编制。很少有学生想着要去内地就业。即使那些从内地来西藏上大学的学生，他们的第一选择也是在西藏这边就业。他们一般认为西藏这边的工资高，且工作稳定，工作压力没有内地工作的压力大。

作者与措玛乡小学的学生在教室讨论日光灯长度单位的问题

比如县第一小学

一、怒江上游峡谷间的县城小学

比如县位于那曲市东部，处在唐古拉山和念青唐古拉山之间，怒江上游。多高山峡谷、冰山雪峰，平均海拔 4000 米。比如县城坐落在山谷之中，周围都是高山，怒江穿县城而过。比如县第一小学位于比如县城西侧，背靠大山，抬眼望去，危峰兀立，怪石嶙峋，不见草木。苍鹰盘旋于山顶，时而向下俯冲，时而向上升腾。校园背后大山的苍劲荒芜景象与校园的活泼生机形成鲜明对照。教学楼掩映于高大的树木之间。比如县第一小学给外来者的第一印象就是校舍比较老旧，虽然学校的围墙和教学楼的墙壁经过粉刷，但不能遮盖其朴素的容颜。

门卫检查了我们的行程码、测量了体温后把我们让到了门卫室。门卫室里生着火炉，很暖和。坐下后，工作人员给我们递上热腾腾的酥油茶。一会儿，校长边巴过来了，他在门卫室接受了我们的访谈。与校长的访谈结束后，校长把我们带到了学校的"教工之家"。与校园外部建筑的朴素相比，教工之家的布置显得很豪华，实际上是一个小型的开会礼堂，只是比开会的礼堂多了休息和餐饮的功能。地上铺的是地板。正前方是主席台，置有大屏液晶投影；主席台下两边各置有藏式长椅，中间过道上放着

比如县第一小学的学生在操场上跳课间操

比如县第一小学的"教工之家"

一架长长的西藏这边常见的取暖火炉，一根铁皮烟囱从屋顶通向屋外。屋顶是 PC 玻璃做的，阳光能照射进来。几位服务人员在忙着。调研组的几位老师就在"教工之家"给比如一小的老师们发放问卷并进行访谈。

二、教学楼墙壁上的"合格"教育

校园建筑虽然有点老旧，但很有条理，很整洁。墙壁上写着各种各样的教育口号。在一栋教学楼前，我被教学楼墙壁上的一排字吸引："管理合格、教学合格、学习合格、服务合格、评价合格"。

"合格"是一个有深意的教育理念，当众多基础教育学校都追求"卓越""精英""XX 班"的时候，在海拔 4000 米的西藏高原牧区，还有一所学校在以"合格"为办学宗旨，这实在让人感动和佩服。感动于学校管理者对基础教育那份赤诚，佩服于学校管理者对基础教育的实事求是的理解。我虽然只在这所学校停留了几个小时，也没有对这"五合格"的具体内容与校长作深入的交流，但只就这用大红字把"五合格"写在教学楼墙上的勇气，就能感觉出这所学校管理者和老师的教育情怀、教育担当。高原牧区的义务教育需要这种情怀和担当。教育均衡不只是硬件的达标均衡，还是教育理念等软件的达标。义务教育学校要让每一位孩子都能合格成长、合格学习、合格完成学业。

"合格"是一个有温度、有担当的教育理念。青藏高原牧区的基础教育学校尤其需要这种学校发展理念。

三、"合格"理念溯源

十五年前，我在皖南一所县级中学做中学语文老师的时候，读到一篇文章《合格性评价：基础教育评价的应然选择》。文章对基础教育作了如下判断：

> 我国基础教育评价中的选拔性评价几乎替代了合格性评价，这是基础教育走向均衡发展过程中的一个根本症结。这种取向异化了现代基础教育的性质，限制了青少年儿童的个性，也使高等教育和精英教育迷失了真正意义上的公平起点。基础教育应当以培养普通劳动者为具体目标，它的评价应当由选拔性评价转向合格性评价。具有法定权威的基础教育评价应当严格规约底线，宽松释放顶线，把基础教育从普通高等学校入学考试竞争中剥离出来。基础教育选择合格性评价，对社会人力资源、高等教育以及基础教育自身都具有可持续发展的意义。（《教育研究》2006 年第 11 期）

从一位中学老师的角度，我当时不能读懂这篇文章的深意：教育怎么能只求合格呢，做教育就要做最好的呀，培养人才就要培养精英呀，基础教育学校不就是要向大学输送尖子生吗？我将我的不懂写成了一篇商榷文章《底线评价：教育理想者的田园牧歌》，我从教育的"实然"角度说出一个一线教师的困惑。

《合格性评价：基础教育评价的应然选择》的作者是杨启亮先生，随着阅读视野的扩大，我才知道杨先生是我国教育学界著名学者。后来，由于对教育理论研究的热爱和对杨先生学术人格的敬仰，我成了杨先生的一名博士生，杨先生成为我的博士生导师。在导师身边学习，在博士生的课堂上与导师交流，讨论基础教育的实践问题，我对教育有了新的认识。导师以人生的智慧开启我对教育的理解。教育须有智慧、须有温度、须有担当。教育研究要做的不仅仅是解释或阐释的工作，还要从实际的学校工作中发现问题、解决问题。渐渐地，我理解了导师提出"合格"教育的大智慧。

我当初的困惑实质是教育理念的困惑，我和先生的商榷实质是我们教育理念的冲突，这种冲突产生的原因是对基础教育学校所承担的任务、具备的功能的理解差异。随着我和先生交流的深入，我接受了先生的观点。我的博士学位论文做的是中国东部一个经济发达地区义务教育学校的实地研究，我把"合格"思想做进我的博士学位论文中。关于基础教育，我在博士学位论文中作了以下判断：

1. 义务教育学校有向所有儿童提供优质教育的责任，却没有选择儿童的权力。

2. 生源不应该成为一所义务教育学校是否薄弱的标准。学校因为生源不好而被认为是薄弱学校，反过来说，薄弱学校的产生是因为没有好的生源；没有好的生源，学校因而薄弱。这是一种悖谬。

3. 从奠基的意义上说，"薄弱学校"和"优质学校"承担着同样的责任——培养合格公民的基础素质。

4. 筛选淘汰功能背离了教育的"育人"本义，使教育过程中最重要的"人"的因素在许多中小学的课程与教学实践中被忽视了。

5. 学校在追求学生顶线发展的同时没有保证所有学生达到作为合格公民应有的发展底线，从而使它们所追求的顶线失落了发展的底线基础；而发展底线的失落必将导致设想中的顶线的坍塌，最终使基础教育的"育人"目标旁落。

6. 义务教育的平等在于它不承担社会的分层筛选功能，它要保证每一个儿童完成最基本的教育，养成一个合格健康的社会公民必备的基础素质。[1]

2013 年，我的博士学位论文以《文化变迁中的课程与教学——一个

---

[1] 吴亮奎：《文化变迁中的课程与教学——一个经济发达地区义务教育学校的实地研究》，南京师范大学出版社 2013 年版，第 2 页。

经济发达地区义务教育学校的实地研究》为书名在南京师范大学出版社出版。2016 年，此书获第五届全国教育科学优秀成果奖三等奖。

当我们的基础教育，尤其是义务教育阶段的基础教育都在以"卓越""精英"为发展目标的时候，如何实现"全体合格"，守住国家基础教育的底线，是一个需要面对的现实问题。这个问题在自然条件艰苦、位置偏远、办学条件落后的高原地区尤显迫切和严峻。

四、基础教育的"三包"政策

比如县第一小学是那曲市最早的一所小学，始建于 1960 年 10 月 1 日，最初学校只有 2 名教师，34 名学生。现在，比如县第一小学是那曲市规模最大的小学，有学生 2391 人，其中"三包生"2200 人、住校生 20 人，有 43 个教学班，教职工中专任教师 121 名，另有后勤临时工 48 名。

"三包生"指藏族农牧民子女享受的教育优惠政策。西藏自治区 1985 年开始实施教育"三包"政策，在免费接受义务教育的基础上，对农牧民子女实行包吃、包住、包学习费用的"三包"政策，对城镇困难家庭子女实行同等标准的助学金制度和财政补助政策。从 2018 年下半年开始，对"三包"补助的资金标准进行了调整。学前教育阶段：二类区 3120 元、三类区 3220 元、四类区或边境县 3320 元；义务教育阶段：二类区 3620 元、三类区 3720 元、四类区或边境县 3820 元；高中教育阶段：二类区 4120 元、三类区 4220 元、四类区或边境县 4320 元。（《西藏日报》2018 年 6 月 13 日）

比如县属于三类区，学生享受三类区的"三包"补助标准。

"三包"政策使西藏农牧民子女的受教育机会得到了保证，也促进了基础教育学校的发展。

藏二代教师与民族文化融合

　　"二代"是一个中性词汇，它描述了一种现象，但在多数语境中，"二代"表达的是对某种情感或某种价值的不认同，如"官二代""富二代""穷二代""学二代"。在众多"×二代"词汇中，有一个词代表了一种情感的骄傲和价值的认同，这个词就是"藏二代"。

　　"藏二代"书写着一段历史，记录着一种精神，代表了一样情怀。偶然间看到一个微信公众号"藏二代"，点开看了其中的几篇文章，写的都是满满的时代回忆。公众号的简介是这样的："'藏二代'，一个特殊的群体。继承了父辈特别能吃苦、特别能战斗、特别能忍耐、特别能团结、特别能奉献的品格，将把这些宝贵的精神财富传递给下一代。"

　　西藏牧区学校调研，我在比如县第一小学遇到了毛瀚老师，他是学校的信息技术老师，在交谈的过程中，我了解到他是一个"藏二代"，他的父亲是比如县的一名退休老师。他说他父亲响应政府支援西藏建设的号召，1982年从内地来到比如县，在比如中学教书。他很小的时候就和父亲分开，跟着母亲在内地生活。父亲一年才能回内地一次，平常生活中，一家人聚少离多。小时候，虽然父亲不在他和母亲身边，没有受到父亲对他的直接关爱和教育，但他时常翻阅父亲留在家中的相册，那上面有父亲和他带的每届学生的照片。每当看到那些照片，毛瀚内心就有许多感动，有种对父亲的默默崇拜，立志长大了要做父亲那样的人。毛瀚9岁的时候，父亲把他和母亲接到了西藏，他在西藏上完了小学和初中。2004年毛瀚考上了拉萨师范学校（现在的拉萨师专），他说他去学校报到的时候，心情特别激动。2009年他完成学业，参加西藏自治区的教师招聘考试，如愿成为一名人民教师，终于实现了小时候从爸爸留给他的相册里萌生的做一名老师的梦想。恰好在这一年，毛瀚的父亲退休。父亲把他的青春岁月奉献给了西藏的教育。那个时代，像他父亲那样来到西藏的不是一个人，而是一代人，他的父亲是成千上万的边疆建设者中的普通一员。那一代人把青春留在高原，为西藏建设奉献了自己，牺牲个人的"小家"，建设祖国这个"大家"。

毛瀚说他父亲那一代人对他的影响不只是在言行，那一代人的影响已经深入他的灵魂。父亲那一代人的吃苦精神、战斗精神、牺牲精神深深烙印在他的心里，这种精神化作他的行为态度和处事方式。在日常工作中，只要单位需要，他就心甘情愿地服从安排。在平凡的工作岗位，努力把工作做好。"小我"的需要服从"大我"的需要。

他的妻子兰婷也是内地人。她第一次来到西藏旅游，西藏美丽的风景、神奇的文化让她沉醉，她便放弃内地的工作，参加西藏教师编制考试。顺利通过考试后，被分配到比如县第二小学任教。父亲的西藏情怀影响了他，也影响了他的妻子。一位"藏二代"接过父亲手中的接力棒，默默地为西藏的教育做自己能做的事情。

无独有偶，在那曲市色尼区第二幼儿园访谈的时候，接待我们的幼儿园党委书记也是一个"藏二代"。书记看上去清瘦，语气和眼神中有军人的坚毅。听他的口音，似苏北人，但又带着一种藏语发音的味道。他说他是9岁时从淮安随父亲来西藏的，一直在西藏生活，娶了色尼区当地的一位藏族姑娘，有了小孩，生活很幸福。他说他们上学的时候，西藏地区还没有开设专门的藏族学校，也没有设专门的藏族班，藏族孩子和汉族孩子都在同一个学校上学，班级里有汉族同学，也有藏族同学。不同民族的孩子在校园里学习嬉闹，不同民族的语言、文化在学校的课程学习和课余的嬉闹中发生深度融合。他说他们这一代孩子都会说很溜的藏语，他们藏族同学的汉语也说得很溜。民族文化融合的第一表现就是语言的融合。汉藏民族文化的深度融合，他们这些"藏二代"作出了巨大的贡献。

"藏二代"的父辈是"藏一代"。

"藏一代"是一个特指词，也是一个英雄词，与这个词紧密联系的是"老西藏精神"。那些第一代走进西藏、解放西藏、建设西藏的军人、支边干部和技术人员，他们创造了一种精神："特别能吃苦、特别能战斗、特别能忍耐、特别能团结、特别能奉献"。这五个"特别"就是"老西藏精神"。1950 年 3 月，以中国人民解放军第十八军为主力的进藏部队，克服千难万险，把五星红旗插上了喜马拉雅山，自此，"老西藏精神"开始形成、凝聚。"老西藏精神"是第一代进军西藏的军人精神的承传和发扬，是在西藏的第一条公路、第一个机场、第一所小学、第一座农场的建设过程中凝聚而成的。不亲临西藏，不走一走西藏的天路，不了解西藏的历史，不亲自接触老一代的西藏建设者，难以理解"老西藏精神"的深刻含义。"老西藏精神"是军人精神，是党员干部精神，是中华民族精神的具体写照。"老西藏精神"以朴素的语言描绘出伟大民族的坚韧。

我们这次同行的苏州大学选派来支教的李晨老师的父亲曾经是一位军人，参加了青藏铁路格尔木段的修建。现在他父亲已经退休，退休后的最大愿望就是坐一回青藏线上的火车，回味一下自己留在高原上的青春岁月。这次恰好儿子在西藏支教，父亲说要趁儿子在西藏支教的机会重走一回当年他们那一代人亲手修建的铁路。

这里还想说说另一种"藏一代"：新时代大学毕业后来到西藏工作的那些年轻人。来西藏之前，他们只是知道西藏，对西藏没有深度的了解。来西藏之后，他们了解了西藏，爱上了西藏，决定将生命之根扎在西藏。这样的年轻人很多，在措那湖边海拔 4800 多米的措玛乡小学的四位在编老师中有一位四川小伙，他就是新时期"藏一代"中的一位普通青年。就他们的家族而言，他们是来西藏生活的第一代，虽然他们身上没有"藏一代"的军人基因，他们的年龄比"藏二代"小，但他们肩膀上承担的使命是一样的。他们接受了新时代的教育，拥有坚定的信念，掌握丰富的知识，具备较强的能力，建设西藏，发展西藏，保卫西藏，需要有他们的责任和担当。

"藏一代"是一个令人敬仰的英雄词，"藏二代"是一个令人骄傲的称号。前者书写着老西藏精神，后者记录着民族文化的融合。"藏一代""藏二代"……民族精神代代传承，中华民族凝聚得越来越紧。在世界屋脊青藏高原这片辽阔的国土上，因为中国共产党的领导，因为无数的"藏一代""藏二代"，中华民族共同体意识越铸越牢。

白嘎乡小学

一、从校长办公室的布局看教学领导力

在比如县白嘎乡小学访谈，看到了一间不一样的校长办公室：书记、校长、副校长挤在一间大办公室里，办公室的墙壁上挂满了各种各样的宣传材料和文件，办公桌上整齐地堆放着学生的作业本。

办公室进门中间靠墙的位置还放着一套藏式长椅和茶几，这是给来谈问题的老师或客人坐的。初进校长办公室，感觉是杂乱而拥挤，但充满了温馨的工作活力。

校长土旦曲措，做事干练，说话思路清晰且有格局。我们调研组到学校门口的时候，校长远远地向我们走来，并致以欢迎。我们一起走向校长办公室的途中，校长向我们介绍了学校的规模、办学理念、校园文化建设等情况。听了她的介绍，我们对这所小学有了一个初步印象。

我们的调研访谈是在校长办公室里进行的，访谈者和受访谈者围绕着藏式茶几坐着，就学校发展、师资需求等问题进行交流。访谈的过程中不时有老师和学生进来。在土旦曲措校长办公室里看到的不是一般学校那种常规事务管理，看到的是具体的教学工作。一个问题，三言两语就解决，

谈话简洁，直接指向事情或问题。

这里，我想借用一个词"教学领导力"来描述土旦曲措校长的工作。领导力（Leadership）是一个从国外翻译过来的词，不知道这个词在英语语境中是什么意思，我也没有研究过"Leadership"这个英文单词是否适用于中国的学校教育。我虽然知道在中国的高校有许多教育学者都研究"教学领导力"的问题，许多中小学校长也喜欢用这个词。用"教学领导力"作为关键词查阅知网上的论文肯定成百上千，我也不知道这成百上千的论文作者是否弄明白了"Leadership"这个词在英文语境中的意义。

调研小组在白嘎乡校长办公室对土旦曲措校长访谈

但在土旦曲措校长的办公室里，我想借用"Leadership"这个外国词来讨论中国的教育问题。

"leader"在英文中是领导的意思，"ship"在英文中是船的意思。两个词合起来表达的意思大概是领导工作要齐心合力。学校就像是一艘船，书记、校长、副校长……老师，他们在同一条船上承担着不同的工作，彼此协调，以保证船的航行方向和航行安全。国内学界，都将"Leadership"翻译成"领导力"，我觉得没有准确译出这个词的本来意思。"领导协作力""领导整体力"或"领导合力"都要比"领导力"更符合此词的英文原义。学校是一艘船，书记、校长、老师们在这艘船上整体协作，载着学生向着党指引的教育航向前行。

从校长办公室的布局来看，白嘎乡小学领导们的工作都是指向教学、学生的，所以他们不会有相互的干扰。领导协力，教师同心，学生乐学，方有学校的发展。这时，我才明白为什么土旦曲措校长要让学校的领导们在一间大办公室里办公。这是许多学校可以学习的地方，——不是从形式上学习他们挤在一间大的办公室里办公，而是学习他们将学校管理的重心放在教学上，放在学生的发展上，放在教师的专业成长上。

二、莲花文化和礼德校园

白嘎乡小学位于比如县城东边的夏拉山下，海拔 4000 多米，距离比如县城 77 公里。学校始建于 1976 年，占地面积 25000 多平方米，建筑面积约 9000 平方米。ＸＸ年在校生 1257 名，有 28 个教学班，全校教职工86 人，其中专任教师 56 名，后勤 30 人，党员 19 人，教职工平均年龄 27岁。学校是一所老学校，也是一所年轻的学校。学校的硬件基本达到了西藏自治区基础教育学校均衡发展的指标要求。近几年，在比如县委、县政府的高度重视下，师生共同努力，学校的教学质量提高很快，学生家长对学校认同度很高。

"白嘎"意为白色莲花。在藏族传统文化中，白色代表着和平、和谐，莲花代表着圣洁美好。

学校教学楼门口有一个金属雕塑，校长说这个雕塑是一朵莲花。学校围绕莲花来打造学校德育文化。我开始有点奇怪，西藏有莲花生长的地方不多，像白嘎乡这样海拔4000多米的地方是不会生长莲花的，学校怎么以莲花来打造学校德育文化呢。校长是这样解释的：从天空中往下看，白嘎乡的地形就像一朵盛开的莲花，学校的莲花雕塑是因学校所在地的形状而设计出来的。

莲花花冠代表着学生，"出淤泥而不染"就是学生应该获得的受教成果；花梗代表着教师，花根代表着家长，只有老师和家长们共同努力、不懈奋斗才能促使花的绽放。莲花的外形和莲花的品质结合起来，育人于潜移默化。

在比如县地方文化中，尊老爱幼、关心弱势、有福同享等品德是既有传统，当地牧民都有与生俱来的善解人意，这些文化中的仁爱因素影响了后代子孙。如果一个家庭中有老人，全家人都会把老人当成宝贝来服侍。如果一个家庭有新人结婚，全村的人都会聚在一起欢歌笑语。如果一个家庭里有人去世，所有的村民也都会来帮助。这些美德都是教育的积极因素。结合白嘎地方文化传统，学校以"礼德"为核心建设校园德育课程，建设"礼德校园"。

出校门就是白嘎乡街道，虽然是一个乡的街道，但比西藏其他地区一般的县城还要上规模。这与白嘎乡当地的经济发展有很大关系。白嘎乡盛产虫草和贝母，当地居民还养牦牛，多数家庭经济收入较高，生活条件较好。白嘎乡还是一个旅游区，萨普雪山、萨普湖、三色湖等著名景点都在白嘎乡周围。

国家的民族政策，党的教育方针，教师敬业心，仁爱文化，湖光山色，成就了白嘎乡小学，造福了白嘎乡的百姓。

白嘎乡幼儿园的园长

我们在那曲市比如县白嘎乡幼儿园调研时遇到了一位好问的园长。

问卷发放和访谈结束后，我们坐在园长的办公室准备休息一下。

园长是一位藏族老师，她的眼神里有藏族牧民眼神中那种常见的虔诚，交往过程中人很热情、很谦虚。带队的德央老师对园长积极支持我们的调研工作表示感谢，客气地对她说，如果有要向我们咨询的学校管理和教学方面的问题，我们一定会尽全力帮助。德央老师的话刚落地，园长就站起身从自己的办公桌上拿来自己的备课笔记本，递给德央老师，说她有教学设计方面的问题不懂，要向我们请教。园长说她原来不在教育部门工作，是因工作安排需要，不久前从别的单位调到这所幼儿园来做园长的。她说她很爱孩子，很喜欢这所幼儿园，孩子们也很喜欢上她的课。但由于自己不是学前教育专业毕业的，这所幼儿园的老师也没有学前教育专业毕业的，她和老师们都没有受过学前教育的专业训练，心里面总觉得不太自信。尤其是备课方面，她说她不知道怎样写规范的备课笔记。她希望我们看看她的备课笔记，是不是存在一些问题，让我们帮助她把问题指出来。

德央老师接过她手中的备课笔记本，对我们同行的另一位组员彭老师说："您是学前教育专业的，您给看看。"彭老师打开园长的备课笔记本，我站在旁边扫了一眼园长的备课本，字写得非常整齐，每页都写得满满的。彭老师仔细地看着园长的备课笔记本，就备课本中的一些问题和园长认真地交流。他们讨论的时候，我为了解幼儿园的环境，离开了办公室。半个多小时后，我从外面回来，发现他们还在交谈，彭老师手上还拿着园长的备课本。备课本在彭老师的手中一页一页地翻着，他们一个问题一个问题地讨论，好像一时还没有要结束的意思。最后经带我们来的白嘎乡小学校长土旦曲措的提醒，讨论才结束。

老师们从座位上站起身的时候，我在园长的目光中发现了一丝天真的愧疚。

从园长的好问中，我看到了一种教学领导力。

教学领导力首先是一种专业的领导，而不是一种行政的领导。当一个人对本专业的课程与教学不太熟悉而又必须领导一所学校工作的时候，他就必须努力学习，通过学习掌握这个专业的课程与教学知识。在当下的学校管理体制中，行政的作用是有力量的，但如果一个教育的外行人简单地利用手中的行政力量来指挥学校，就有可能出现一些问题。因此，学校领导者首先必须是一位好学好问的老师。苏霍姆林斯基成为世界著名的校长，除他身上具有一个教育家必备的先天素质外，最重要的还是他的好学。白嘎乡幼儿园的园长是一位好学的园长。当感觉到自己专业知识不足的时候，她找准一切机会去学去问，以解教学工作和管理工作之惑。

比如县白嘎乡有一位好问的幼儿园园长和一位干练的小学校长。有这样的园长和校长，高原牧区的孩子在学校的生活一定会很幸福。"白嘎"一定会越开越艳。

牧区乡村小学校长的本土性知识

一、扎仁镇小学的教工之家

安多县扎仁镇小学是我们调研小组调研的第一站。从拉萨到那曲 400 多公里，从那曲到安多县城 100 多公里，从安多县城到扎仁镇小学 40 多公里。扎仁镇小学所在位置的海拔 4700 米，属于西藏的四类区（在西藏，海拔 4500 米以上的地区为四类区），自然条件十分恶劣。

我们早上开车直接从那曲市到扎仁镇小学，上午十点钟左右到学校门口，学校的老师刚上班。学校门卫查看了我们的行程码，测量了体温后，校长把我们带到了学校的教工之家。教工之家和学生宿舍在一个封闭的建筑里，两边的房子是学生和老师的宿舍，中间是一片开阔的活动场地，房顶用透明的有机玻璃瓦盖着，阳光能直接照射进来。这是我第一次看到这样的建筑结构，那曲这边，由于海拔高，一年四季气温都低，保暖是建筑房子首先要考虑的重要问题。教工之家就是教师的食堂兼休息的地方，也可以在里面备课、批阅作业。推开教工之家的门，一股暖气扑面而来。那曲这边的冬天原来是烧牦牛粪取暖，现在都改为烧煤取暖。房子的中间是一排长长的带着烟囱的烧煤取暖炉，炉子上一溜放着三个大铝锅子，锅子里面或水或骨头汤，是用来给老师们做早餐的；中间一条过道，两边分别放着二十几排的藏式茶几。由于我们到学校的时间较早，还有老师在吃早餐，另有几位老师在茶几上或备课或批阅作业。

我们坐下后，校长和老师给我们递上热热的甜茶和酥油茶。我们的访谈就在茶几边进行。访谈结束后，校长带我们参观了校园。学校有 350 名学生，18 名老师，师生比达到西藏自治区规定的小学师生比标准，但结构性缺编严重，有些课程没有学科专业教师上。由于牧区面积广大，有些学生的家离学校很远，多数学生要住校。学校没有专门的生活指导老师，住校生的住宿生活由学校老师负责照管，每位老师负责一个寝室。老师们都住在学校里，只有学生在节假日离校的时候，老师们才能回家。

教工之家有管道式供暖系统，但是还没有启用。在安多县这样的高寒地区，管道式供暖设备在使用中存在的最大问题是管道容易破裂。管道一旦破裂，供暖设备就要停止工作，并且管道里面的水流出来还会淹没家具。

二、教师的本土性知识

校长说，由于学校的自然条件艰苦，教师流动性大，外地来的教师在这里工作一两年后就会找机会离开，学校的现有教师主要是镇上的本地人，大多数是藏族老师。学校人数少，校长要干许多杂活。平常的教学事物要管，后勤工作也要管，还要应对上级领导的各种检查。校舍门窗安装的泥瓦活、管道维修和取暖设备安装的技工活等都是他一个人做。由于学校离安多县城远，上级给学校配备的物资一般只放在县城，不送到学校。学校没有车辆，每次都是校长开着自己的车去县城取上面分配给学校的办学物资。

校长和教师需要会干泥瓦活、技工活在西藏牧区的学校是常见的事情，但在我国当前的师范教育中没有培养师范生这类技能的课程。从某种意义上说，高等师范教育也没有必要将精力放在这些生活技能的培养上。这些技能属于教师的本土性知识。本土性知识是个体在他的成长或生活环境中，由于生活需要、环境习染而养成的知识。高原牧区生活具有许多特殊的情境要去应对，校长教师要有处理这些特殊情境的知识。例如，西藏牧区的教师要懂藏语才能与学生家长进行积极有效的沟通，要能理解牧民们的文化，要能习惯高原的生活。西藏的师范教育有其特殊性，有必要把学生成长过程中牧区的生活经验作为隐性课程纳入师范生的培养过程中来。

我们在安多县扎仁镇果组村小学也看到了类似的场景：教师既上课又做厨师。果组村小学的调研是在教师的休息室进行的。说是教师休息室，其实是一间房子隔成内外两部分，里面部分是教师厨房，外面部分放着两张办公桌和一套藏式沙发。办公桌上堆满了各种文件材料和学生的作业本。果组村小学有学前学生 17 人，义务教育 1—3 年级学生 24 人，专任教师 6 名。教师结构性缺编，一位教师要上很多门课。

我不由感叹：在西藏高原牧区做教师做校长就是一种情怀、一种奉献。这种情怀出于他们对高原上自己的家乡的认同，对自己民族文化的认同。条件艰苦地区学校的校长和教师大多数是本地人，他们出生在这里，成长在这里，这里永远是他们的家乡。这里有他们的亲人，有他们的文化，有他们赖以生活的雪山、湖泊和草原。教育对他们来说是本能的奉献和充满诗性的情怀，他们的奉献和情怀源自他们对高原家乡的热爱。

从古露镇小学的偶发事件看国家安全教育

在那曲古露镇小学调研的时候，遇见学校里发生的一件"严重"事情：一位低年级的小学生出于好奇触发了安装在教室走廊上的安全报警装置，几分钟内，上级教育局、公安等部门都快速作出反应，多个部门给学校打来了电话，向学校了解发生的情况。后经学校调查才知道这是一起由学生出于好奇引发的意外事件，校长在向各部门的领导作了详细的解释和诚恳的道歉，并接受了上级的严厉批评后，事件才平息下来。

由于学生的调皮引发的意外，这样类似的事情在内地不能算是一件很严重的事情，但在西藏这边，校园安全是一切工作中第一重要的事情。西藏自治区教育厅每个月都会召开教育系统安全工作会议，在一些特殊的时间节点，召开安全会议的次数还会增加。安全责任落实到人，教育系统建立了很严密而快速的校园安全报警机制，政府职能部门安全反应机制的启动非常迅速。笔者到过这边的许多学校，几乎每所学校的门口都设有安全防护装置，尤其是边境地区的中小学。陌生人一般情况下是不允许进入校园的，若需要进入校园必须通过严格的审查程序。刚来拉萨的时候，调研组曾有去中小学进行深度教育调研的计划，后来由于进入校园的困难，调研计划被搁置。也正是由于严格的安全防控措施，西藏学校和社会安全才得以保证。

从笔者近一年的西藏生活经验来看，西藏的治安很好，是一个非常安全的地方。不论是在公交车上，还是在市区偏僻的小巷，或者是山间野外，都是很安全的。

据西藏网报道，2018 年—2022 年，"反分裂反渗透破坏斗争的各项准备更加充分，牢牢掌握了对达赖集团斗争的主动权。全市①没有发生过任何政治性、群体性事件和暴力恐怖案件，社会治理能力显著提高，公共安全感连续 7 年在全国 38 个主要城市中排名前列，呈现出团结和睦、稳定和谐的新气象。"②

自治区政府高度重视安全问题，安全防控措施严密，同时，政府也很重视安全宣传和教育。笔者在援藏工作期间参加过很多次西藏教育厅召开的安全工作网络视频会议，每次会议都由教育厅厅长或副厅长主持，各单位也都由主要领导或安全工作分管领导参加。

校园的治安安全只是校园安全教育的一部分内容。国家安全教育是学校开展安全教育的更核心的内容。在古露镇小学办公楼一处显眼的位置，发现一个安全教育宣传栏，上面对国家安全教育活动的内容进行了详细的介绍。笔者在宣传栏上看到，每年 4 月 25 日为国家安全教育日；国家安全有"国民安全、领土安全、主权安全、政治安全、军事安全、经济安全、文化安全、科技安全、生态安全、信息安全"十个方面的基本内容。

学校教育要在学生时代培养他们的公民意识和国家安全意识，让他们知道公民如何履行国家安全义务，哪些行为是危害国家安全的行为，当遇到危害国家安全行为的时候，作为公民应该怎么办。

在古露镇小学调研的头一天，在那曲二小办公楼大厅的电子阅览屏上看到一则消息：中共中央政治局 11 月 18 日召开会议，审议《国家安全战略（2021—2025 年）》③，中央提出"新形势下维护国家安全，必须牢固树

---

① 指拉萨市。

② http://tibet.cn/cn/index/news/202111/t20211121_7101369.html。

③ https://www.163.com/news/article/GP4876CC000189FH.html?clickfrom=w_y。

立总体国家安全观，加快构建新安全格局。"

"治国必治边、治边先稳藏"，西藏有二十个边境县，边境安全与西藏安全紧密相连，西藏的安全与国家的安全密切相关。国家安全教育要从学生抓起，学校承担着国家安全教育的主要责任。

牧区的老师要会说藏语

西藏牧区调研，问及对小学老师的素质要求，一线的校长和老师都会在基本的学科知识和教学能力之外加上一条：老师要会说藏语。

西藏面积广大，虽然现在西藏的交通很发达，但是许多牧区村庄位置偏远，且藏族牧民们居住地分散，平时外出的机会少，他们日常生活使用的语言都是藏语。据笔者的调研数据，现在 45 岁以上的牧区百姓，还有相当一部分人不会说汉语，或者只会进行简单的汉语日常会话。只有那些受过正规的学校教育或经常与汉族人打交道（生意往来、旅游服务、外出打工）的牧民才会说汉语。我曾选取拉萨师专的 20 多位同学作为访谈对象，就藏族文化、身份认同、民族融合等问题对他们进行访谈。在谈及父母是否会讲汉语时，有相当一部分同学都说爸爸和妈妈有一个不会或只会说简单的汉语，但都不认识汉字。一位同学曾和我说，她爷爷认识汉字，会说汉语，但是她爸爸不认识汉字也不会说汉语。我当时就感到很奇怪。她解释说，他爷爷年轻的时候跑生意，与汉族人接触多，就会说汉语了，他爸爸一直在牧区放牧，很少走出去，与外界接触少，就不会说汉语。

以前学校教育都是用"双语"教学，尤其是幼儿园都会用"××双语幼儿园"来给学校命名。现在的趋势是学校的教学语言要使用汉语，同时学校也都要开藏文课，学生在学校也都要学藏文。汉语是国家通用语言文字，藏语是藏族人民使用的本民族语言。用汉语教学是为了推广国家通用语言文字，开设藏文课是为了学习藏族的本民族语言。不论进入哪一所学校，只要看到你是一名汉族老师，学生都会用汉语和你打招呼。一般城市地区，小孩子只要上过幼儿园，都能说一口很溜的汉语。一次坐车离开拉萨去外地旅游，车上遇到一个小女孩，我们交谈时，她的汉语表达能力与内地小孩差不多。我问小孩的妈妈是汉族还是藏族，她妈妈说是藏族。但是在边远牧区，还是有些小孩在上一年级前没有上过幼儿园，这些小孩上小学一年级的时候就不会说汉语，也听不懂老师用汉语讲课。在比如县羊秀乡小学调研时，校长就反映了这种情况。这个时候老师就要用藏语与学生沟通，借助藏语教学生学习汉语，实现在课堂上用国家通用语言文字进行教学的要求。如果学生听不懂汉语，课堂上就无法使用汉语进行教学。在统一使用部编版教材之前，西藏小学的数学等学科使用的是藏文教材，现在统一改为国家通用汉语教材。这就有一个教材改换如何过渡和衔接的问题。小学和学前老师掌握了藏语，课堂教学就会有更好的效果。

学校教学还存在老师与学生家长沟通的问题。边远牧区的牧民有许多是不会说汉语的，他们接送孩子的时候需要老师们用藏语和他们交流，如果老师不懂藏语就会产生交流障碍，易发生误会。学校老师会使用藏语更有利于民族文化融合和国家政策宣传。在安多县扎仁镇果组村小学调研的时候，校长对年轻老师会说藏语的要求非常迫切。这次在果组村小学访谈时遇见一位汉族老师，这位老师是去年刚从拉萨师专毕业的，通过自治区公开招聘考试被录用到果组村小学，她说在牧区做小学和学前老师要会说藏语，这位老师说她自己会说简单的藏语，能和藏族孩子的家长进行基本的沟通。

民族文化的融合，民族精神的凝聚，中华民族共同体意识的铸牢，学校教育承担着重要任务。语言互通是文化融合的第一步。与上一辈的"藏二代教师"相比，年轻一代汉族教师对藏语的掌握程度要逊色得多。我曾与好几位西藏大学毕业的汉族教师交流，问他们是否会使用藏语，他们都说，上学的时候学过，现在都忘记了。

西藏高等师范学校的师范生培养要加强藏语的教学。能够熟练使用藏语才能够更好地进行教学和交往。今年上半年刚来到拉萨师专的时候，听了一位学校外聘的小学特级教师给汉语专业的学生讲语文教学法课，这位教师告诉班上的同学要学会讲藏语，她说会讲藏语在将来的教学工作中真的很有用。我当时没有太明白这位特级教师说这句话的目的。现在看来，这位教师讲的话非常有道理。

越是偏远的牧区学校，老师学会讲藏语的要求越迫切。

高原教育者的情怀

在那曲安多县牧区学校调研，校长们最苦恼的事情是学校不能留住老师。县教育局每年给下面的牧区学校分配老师名额的时候常常是以"抽签"的形式进行的，下面的学校抽到哪一个学科的老师，教育局就把哪一个学科的老师分配到这所学校。新教师的分配不是根据学校的需要，而是根据抽签的校长的"手气"。从教育局的角度来看，只要完成了指标分配的任务，问题就算解决了，但是对下面的校长来说，情况不是这样，校长需要的是某一学科的教师，而不是任一学科的教师。国家和自治区层面的教育均衡政策在落实的过程中出现了一些偏差。通过抽签，学校好不容易分配进来一位年轻教师，但进来工作了一两年，刚刚熟悉了教学岗位，就会想着离开。年轻教师的离开大多不是因为工资不高，安多县属于西藏的四类区，工作环境最艰苦，工资也最高。曾和扎仁镇小学的一位教师交流过，小学一级职称教师每个月打到个人银行卡上的工资大概在15000—17000元之间，加上住房公积金、保险等，每个月的工资有两万左右。这样的工资水平（2021 年）是江苏省南部县同级别教师工资的近 3 倍。工资只是让教师在条件艰苦的高海拔学校留下来安心教书的一个必要条件，但不是充分条件。钱可以解决高原牧区基础教育学校的一部分问题，但不能解决牧区基础教育学校的全部问题。

能在海拔 4700 米的小学坚持工作，除了较高的工资待遇、良好的身体适应，最重要的就是教师要拥有教育的"情怀"。"情怀"是一个让人感动的词，也是一个让人热血沸腾的词。记得几年前的一次研究生入学考试面试，我问一位考生为什么要报考我们的课程与教学论这个专业，考生说出了两个字"情怀"。"情怀"是一个感性的词语，是对生活、事业态度的感性表达。但"情怀"这种感性表达彰显的是对生活、事业的热爱，是生命力量的爆发，是身体血液的涌动。

然而，当我身处海拔 4700 米的高原牧区小学，站立在校园中，高原的寒风透过厚厚的冬衣刺痛着我的肌骨时，当我的身体感受到来自心脏的压力和缺氧的窒息时，我对"情怀"一词的认识发生了改变："情怀"不是热烈和感动，不是生命力的爆发和血液的涌动，"情怀"是对艰苦的忍耐，是对日常寂寞的承受，是一个人对他所赖以生活的土地的热爱。"情怀"是在坚强的人生信念支撑下对事业的执着。

苍鹰的情怀是对蓝天和山峦的依恋，牦牛的情怀是对高寒和冰雪的忍耐。

"情怀"一词用在边防军人身上是血性的担当，用在高原牧区教师的身上是朴素的爱。这种爱不是那么热烈，没有沸腾，但是持久。这种爱可能不会有显性的成就，可能不会有耀眼的荣誉。这种爱就是一种普通和平凡。与这种爱相伴随的是吃苦，是忍耐，是牺牲和奉献。没有经历过西藏高海拔学校生活体验的人，难以体验在这里生活和工作的老师们的"教育情怀"。

一次，和拉萨师专体育艺术系的一位老师聊天，这位老师已经在西藏工作了 27 年，我问她是否适应了西藏的生活。她的回答让我很意外："没有适应，只有忍耐。这种忍耐一直到你把你全部的青春年华奉献给了高原。然后你再退休，再回内地。"忍耐就是一种情怀，情怀是从生活中生出的一个词。情怀的属性是真实，是从心灵底处生出的生命体验。

"忍耐"虽然是一种被动，但"忍耐"的被动是在人类生存极限条件下的义务的承担、岗位的坚守、使命的担当。第一批进军西藏、保卫边疆的军人，第一代建设西藏、发展西藏的党员干部、知识分子，新时期国家从内地派往西藏的一批批援藏干部、支教老师，他们具备的核心素质除了内心坚强的信仰，就是"忍耐"。

在西藏高原牧区，"教育情怀"是对教育本能的爱和对平凡岗位的坚守。

本能是最真实的，没有一种爱比出于本能更真实，更有力量。在高原牧区学校坚守的"教育情怀"是对高原教育本能的热爱。

什么地方会让一个人产生本能的热爱？一个人出生、成长在那个地方，那个地方的山川草木、走兽虫鱼；那个地方有他们童年的游戏，有少年的驰骋，有青年的浪漫，那里有他们永远忘记不了的妈妈的呼唤。

在西藏的 70 多个县级行政单位中，有 29 个县的平均海拔在 4000 米以上。从山南到拉萨，从昌都到那曲，从日喀则到阿里，从藏南山地峡谷到藏北万里羌塘，这片辽阔的国土上生活着的大多数人是纯朴的藏族同胞。他们或放牧或农耕，他们建设、守护着青藏高原这片神奇的土地，他们古老的生活习惯需要与现代科技文明融合，他们的子女需要接受高质量的现代学校教育。西藏的基础教育学校需要大量高素质的教师。

我曾和藏族老师们交谈，向他们学习藏族文化。我请不同的老师给藏族文化拟几个关键词，最后都集中在"因果""知足""悲悯""仁爱""众生平等""孝道"等词语上。藏族人民对家乡充满着依恋，读书谋生离开家乡，不论走多远，他们最终的选择都是要回到他们的家，回到青藏高原。青藏高原是他们的家，他们有从雪山上流下来的血脉，他们的基因就是高原的基因，他们的身体属于高原，他们的文化是高原文化。祖辈传下来的高原基因让他们适应了高原的雪山、圣湖和草原。对高寒缺氧，他们常常不认为那是一种艰苦的折磨，相反，就像牦牛对高原的适应一样，高原高寒是他们生命存在的条件。在西藏的学校和政府机关单位，建设有现代化的体育运动场，藏族少年在运动场上矫健的身姿证明他们的身体与高原环境的完美融合。

一次和安多县一位退休老师聊天，这位老师虽然已经退休多年，退休工资也很高，子女在拉萨工作，但是他不愿离开安多，他说他习惯了安多的生活。他因为习惯而不愿离开。这种"不愿离开"就是热爱。那曲这边，有好多老人，子女们在拉萨工作，但每当子女们要把老人接到拉萨时，老人们总有许多不情愿和不适应，他们内心有对高原天空的依恋，有对高原土地的不舍。他们习惯了高原的阳光，习惯了高原的大风，习惯了高原的冰雪，习惯了幽暗的房间里带着烟囱的火炉。早晨、中午或晚上，街边茶馆里，一碗藏面、一杯酥油茶、一碗青稞酒，还有不时从心底发出的经诵声。那是藏区人的生活。一曲曲高远的音乐、一圈圈优美的锅庄、一缕缕纯净的桑烟。藏区牧民的常人生活，书写着心灵里的神性。

这段抒情性议论，目的不是抒情，也不是论证"情怀"一词的意义，而是想提出一些问题：西藏高海拔地区学校如何留得住教师？牧区学校的师资是不是可以从适应高原生活的藏族青年中选拔？填报高考志愿时，是不是能够在考生同意的前提下，以"定向录取"的形式将他们录取为师范生，毕业后以"定向分配"的形式再回到他们的牧区家乡，成为家乡小学的一名教师。

第四编　教育真味

冬日暖阳配粉红色的康乃馨，温暖了这一季的寒冷。

远在新疆工作的学生，用第一份工资买的花，温暖感动。谢谢你，谢谢可爱的你们，总告诉我这个世界的美好。

在这里，从老师们的眼神中、从孩子们自信的笑脸上，我看到了教育最美的样子。

行驶在藏北辽阔的那曲草原，时而晴空万里，时而风雪交加，一天的时间里经历着四季的变化。环境的严酷，条件的艰苦，改变不了那群高原教育坚守者的初心。一所乡村小学承载的是这一方的未来与希望，一群乡村教师是这未来与希望的托举者。最美的坚守者、最可爱的孩子们，最美的遇见。乡村教师意味着更多的爱与陪伴，更多的坚守与奉献，向所有坚守在教学一线的乡村教师致敬！

德央老师的全国赛课一等奖与"磨课"

一

关于课堂教学，我向来主张求真，反对"磨课"，但始终没有以文字发此谬论的底气。

"磨课"是中小学教研活动经常使用的一个词。二十多年前，北方的学校叫"做课"。1996年我在皖南山区一所初中做老师的时候，得当时广德县语文教研员胡书兵老师的厚爱，他带我们到秦皇岛参加一个中学语文教学研讨会。我在会议的日程安排中第一次看到"做课"这个词。"课"需要做吗？"做人""做事""做器物"可以，"做课"好像不可以。这是我当时的疑问和判断。在那次活动中，讲课的老师有于漪、钱梦龙、魏书生、宁鸿彬等。于老师作的是关于教师教育情怀的一个报告，其他几位教师都是上示范课。我们很崇拜于漪老师，找她合影，于老师很爽快地答应了，还给我们题写了闻一多《红烛》中的一节，"请将你的膏脂，不息地流向人间，培出慰藉的花儿，结成快乐的果子！"钱梦龙老师，我们也很崇拜，但看到有别的老师找他拍照合影，他却说"我一个糟老头子，有什么好看的？"于老师以情感人，钱老师以质感人。

那时的"做课"只是"做"，现在看来，"做"可以理解为"设计"。课堂是需要设计的，不然，研究教学论的专家就没有饭吃了。现在的"磨"由"做"走向了一个极端。曾听不少被磨过课的年轻老师抱怨说，一节公开课"磨"到后来有"想吐的感觉"。课堂教学本来是一件轻松愉快的事，"想吐的感觉"似乎与这轻松愉快不相宜。更严重的问题不是在那"想吐的感觉"，而是在这"被磨的过程"。过度的磨课对学生来说也是一种不伦理。教学设计本来是授课老师的事情，现在别人对教学进行设计，却要"我"来上，上课的时候我是没有"我"的。一节"失我"的课就像一次"失我"的发言。"失我"就是自我主体性的丧失，丧失了教师主体性的课堂会出彩吗？如果会出彩，那也是在出别人的彩，或者有可能是看彩的人眼光有问题。教学是互动，是生成，是一个手势的沟通，是一个眼神的交流，这些全都依赖于讲台上的教师"有我"，"有我"才"有学生"，若讲台上的教师"无我"，何来"有学生"。"有我"的课堂是真实的课堂，是灵动的课堂，是流光溢彩的课堂。对年轻教师来说，我的课堂，我来想，我来说，我来唱，我来创造。年轻的教师要敢于在课堂上显露自己的棱角。

"磨课"我反对。但来西藏之前，我对"磨课"的反对只是一种"腹诽"。在拉萨师专的一次教研活动中，与师专德央老师的一次对话，让我有了发反对磨课这一"谬论"的勇气。

二

德央老师曾获第五届全国高校青年教师教学竞赛一等奖。赛场是在南京，时间是在 2020 年。

当时参赛的教师绝大多数来自 985、211 高校，还有北大、清华的年轻教师，或有平台，或有身份，或有学识，或有才艺，或有颜值。只有德央和另外一位来自高职学校的参赛教师，她们二位只是学校的普通教师，

德央老师在教学竞赛决赛总结大会现场

别人有的耀眼光环，她们没有；别人有的高平台，她们也没有。

去南京赛课前的半个月，师专领导出于对年轻教师成长的关心，说要组织老师帮助德央老师"磨课"。德央老师也不好反对，加上当时学校的教学工作确实太忙，在"磨课"这件事情上德央老师就一直"磨蹭"着。直到上了飞机离开拉萨，课也没有被磨成。

比赛现场，当听到有些参赛老师的课已经被磨了一年多，参加过好几次教学大赛时，并得了奖，德央老师说那时她自己的心里真的没有比赛的底气。

或许正是由于这"没有比赛的底气"才让她得了大赛一等奖。再设想一下，如果德央老师的课事先被磨过了，又会怎样？最高水平的课堂教学是一种艺术，艺术是现场的、生成的、自由的、创造的、不可预期的，高水平的课堂是开放的课堂，是生成的课堂，是灵动的课堂，是确定性与不确定性结合的课堂，更重要的是真实的课堂。全国性的课堂教学大赛是高水平的教学比赛。这样高水平的比赛如果依然用常规的方法按部就班地进行很难取得好成绩。

"磨课"有一百个理由……

不磨课却只有一个理由：真实。课堂内容的呈现过程需要真实，授课老师的情感需要真实，师生互动、心灵交流需要真实。真实的教学展现出教师真实的自我。真实自我的课堂才有可能是充满创造充满艺术的课堂。

……

三

再回到钱梦龙老师的那句话"我一个糟老头子，有什么好看的"。钱老师的课我就听过一次，在那节课上，钱老师教的是《故乡》这篇课文，课的前半节就是让学生自由阅读课文，老师要求学生在阅读课文的基础上提出自己的问题，课的后半节是组织学生对前面提的问题进行讨论并回答，老师对学生的问题和回答进行点拨。钱老师的课很朴素，以质取胜。曾看过钱老师谈论课堂教学的一篇文章，说的是他刚被评上上海市特级教师（第一批特级教师上海市只有几名）不久，市领导到学校来检查工作，要听一节钱老师的课。那个时候，学校教学秩序刚刚从那场运动中恢复正常，学生基础差。钱老师讲的是一篇文言文，整堂课，他一个人从头讲到尾，课堂上没有提问，没有讨论，下课铃声响的时候钱老师结束了课堂教学。下面听课的教师同行都很担心，有领导来听课，特级教师的课怎么能这样上？在课堂教学结束后的讨论会上，钱老师说，这节课只能这样上，学生连文章中的字都不认识，句子怎么会读通，所以我首先要把字教会，把句子的意思讲清楚。教学要根据学生的基础，好的教学源于真实。

钱老师有一个主张"教师主导，学生主体"，我不知道这个主张是钱老师在这节课前还是在这节课后提出来的。或者这个主张就是他对课堂教学的一种本真理解。

四

课堂教学需要本真。

被"磨"过的课堂可能光鲜，可能出彩，但易"失我"；没有被"磨"过的课堂可能粗糙，可能平实，但会"有我"。"有我"即有学生。"有我"的课本真。本真的教学是教育的原味。原味的教育是朴素的教育。好的课堂不能缺失教学的原味。

前两天，我的一名在读硕士研究生和我说她正在准备××省小学教育专业硕士教学技能大赛，说指导老师正在给她"磨课"。我给了她非常积极的肯定和鼓励，最后告诫她一句"上课不能丢失了自己"，不知道她听清楚或听明白了没有。

师范生学习上课与教师赛课不同，师范生学习上课是学习基本的教学技能，当别论。

比赛结束后，学生向我报告，说她在大赛中得了一等奖。好学生大都不是老师"教"出来的，我给她回短信说。我到南京师范大学读博士之前，在皖南一所县城中学教书，在带的第一届高中毕业生中，一位女生的语文高考成绩得了 145 分，这个成绩是那一年大市语文高考的最高分。我当时也这样说，她 145 分的成绩不是我教出来的。

教育的价值在于发现、引导。我只是做了一个发现者和引导者做的事情。

如果说"磨课"作为一种教研活动的组织形式有存在的必要，那"磨"应落在教学思想上、情感态度上、方法策略上。"磨"是砥砺，是历练，是升华，"磨"不是一招一式，不是一技一策；"磨"是揣摩，是体验，是感悟，是创造；"磨"不是模仿，不是亦步亦趋，不是邯郸学步。培养教师的人就是培养心灵的牧者，教者需要具有教育的大智慧。世界游泳冠军的教练有可能不全都会游泳，就是这个道理。要拿到冠军，就要突破一招一式的模仿。

万里羌塘的教育坚守

一、爷爷的接力棒

在学校组织的全区小学和学前学校人才需求调研路上，我一路被感动包围着。时隔三十多年，再次踏进那所高原牧区深处的小学校，那所承载着我的整个童年的小校园。时光流逝，社会进步，条件改善，当年的校园早已焕然一新。表弟接过爷爷的接力棒，默默耕耘在学校管理一线，自己培养的学生已成长为学校的教学骨干。应邀再次踏进教室，给老师们做课标解读的讲座，内心五味杂陈，感激、感恩，更感怀于时间永远带不走的这份人生财富。

乡村老师的教育情怀、奉献精神是这一路最美的风景，这一路总是想起爷爷一辈子的守候。只想告慰亲爱的爷爷，您撒下的种子，早已在万里羌塘开花结果。您的接力棒已经坚实地握在高原新一代的手里，点点星光，正耀眼闪烁着。

德央老师和她的学生在她爷爷工作过的安多县扎仁镇小学门前

二、最美的坚守

措那湖畔的最美坚守者，西藏那曲市安多县措玛乡幼小一体化学校，17个孩子（幼儿园3个孩子，一年级3个孩子、二年级3个孩子、三年级8个孩子），5位老师。老师们身兼数职，教学、行政、后勤，事无巨细，所有老师都是全科教师。其中一位老师是拉萨师专去年毕业的汉语专业班的学生雷航，记得他在校的时候话就很少，刚工作还没有太大的变化，校长说雷老师特别能干，是学校的骨干老师。

学校没有生活指导老师，住校的孩子平均分配给老师们，和老师同住同吃。校长也是拉萨师专的毕业生，有特别深的教育情怀，他谈起学校教育，眼里闪烁着光芒，对学生的爱满溢在一言一行中。学校虽小，却五脏俱全，学校被打理的井井有条。孩子们大方地和我们分享他们的学校生活，兴奋地说科学课上雷老师带着他们做了空气和水的实验、美术课上老师教他们画画儿了、音乐课上老师带着他们唱歌了，孩子们说喜欢上学、喜欢老师，也喜欢学校。

老师们作访谈的时候，孩子们安静地在教室看书、写作业，等着老师去上课。因为有校长和一位老师要去县里参加培训，一位老师穿插于一、二年级教室轮番上课。老师们中午因为配合我们做调研，上课时候发现住校午睡的孩子们没有人叫，上课时都还没醒，一个老师又马上跑过去把睡午觉的孩子带过来。

在这里，从老师们的眼神中、从孩子们自信的笑脸上，我看到了教育最美的样子。

向所有高原牧区学校的坚守者们致敬！谢谢你们，让教育之花盛开在

德央老师和措玛乡小学的几位老师交谈

万里羌塘。

三、记忆中的学校巷口

那曲二小调研，学校门口那条窄窄的小巷好像没有什么变化。

记得自己上学的时候还在这条小巷中被狗追赶过，时隔几十年，那条残留着儿时记忆的小巷和街两边的繁华总有些格格不入，像极了已是不惑之年的自己站在儿时的这条小巷口。二小校长干练有思想，上学时候的小弟也已成长为教学副校长，看到母校蒸蒸日上，我心里无比感慨与温暖。访谈时老师们都在强调热爱与职业认同感的重要性，这和自己这些年的教育教学体会不谋而合。

师专的学生已然成为西藏基础教育的中坚力量，老师们坚定的信念，

德央老师就读过的那曲市第二小学

是西藏基础教育的希望，且行且感、且行且珍惜。

四、白莲花盛开的希望

比如县调研，羊秀乡小学老师们正忙着带孩子们打新冠疫苗，书记忙前忙后帮我们完成调研。园长在与我们交谈的中途跑去处理流鼻血的孩子。白嘎乡小学干练的校长，好学的幼儿园园长，盛开的莲花文化，乡村学校老师们忙碌的背影和坚定的眼神是我在这两所乡村学校受到的最大触动。

学校调研工作结束，回到县城听实习生们畅谈实习生活，孩子们褪去了在校时候的稚气，多了份担当和坚定，师专孩子们关键时刻从不掉链子的传统正是师专精神的内核吧！

那曲调研之行，一路被感动、被唤醒，看到了教育的初心，感受到了教育的力量。遇见多年未见的学生，亲切依旧，仿佛一切就在昨天。欣慰于你们的努力，当年班上的"捣蛋鬼们"早已成熟稳重，岁月在剥夺的同时，也一直在不断地赠予。一切逝去都意味着拥有。

万里羌塘，大美自然外表下有着严酷的生存环境、单调的生活色彩，在老师们用心的浇灌与坚守中，教育表现出了其最美的样子。

"做孩子学习中的导师、做孩子生活中的母亲。"一所乡村小学教学楼上醒目的标语。行驶在藏北辽阔的那曲草原，时而晴空万里，时而风雪交加，一天的时间里经历着四季的变化。环境的严酷，条件的艰苦，改变不了那群高原教育坚守者的初心。一所乡村小学承载的是这一方的未来与希望，一群乡村教师是这未来与希望的托举者。最美的坚守者、最可爱的孩子们，最美的遇见。乡村教师意味着更多的爱与陪伴，更多的坚守与奉献，向所有坚守在教学一线的乡村教师致敬！

（德吉央宗）

毕业典礼上的声音 [①]

今天对于同学们来说是一个值得铭记的日子，很荣幸能够代表全校教师在此发言，为毕业生们送去师专老师们的嘱托与祝福。每年的这个时候，我们称之为毕业季，看到大家穿上漂亮的衣服，和老师、同学合影留念，同学们如花般盛开在校园的每个角落，我和所有的老师一样默默送去了最真挚的祝福。毕业班的班级群里是忙碌的毕业前准备，班主任、辅导员老师一次又一次的通知、交代、重申、确认再确认，学生干部忙前忙后为大家张罗着这一切。

作为学校搬迁到新校区后的第一批毕业生，你们是这一季最美的风景线，你们连接着师专的过去与未来，承载着几代师专人的坚守与梦想。记得三年前给18级的同学上第一节课的时候，和同学们说过三年会一晃而过，前两天碰到当年上第一节课的同学，感慨地说三年真的是一晃而过。今天，我想再告诉大家三年之后又是新的起点，调整状态，整装待发，去拥抱全新的自己。

亲爱的同学们，你准备好了吗？

---

① 拉萨师专 2020 年下半年整体搬迁到距离拉萨市主城区十多公里的蔡公堂乡白定村，此文是 2021 年 6 月德吉央宗老师在 21 届学生毕业典礼上作为教师代表的发言。

每年的这个时候，我和在座的老师一样，内心总是五味杂陈，有见证大家一路成长的欣喜，更有放手一刻的落寞与忐忑。老师们一遍遍地问自己做好准备了吗？真的可以放手了吗？时间不等人，不管有多不舍，不管留有多少遗憾，不管有没有做好准备，我们都将面对离别的一刻，从此，学校也将成为你可以说它无数的不是，但是却容不得别人说一个不字的、那个称之为"母校"的地方。

你们远走高飞，我们原路返回，这是校园生生不息的希望与源源不断的生命力。走上讲台，只要想到你们会步入社会，或引领一代代孩子的成长，或在不同的岗位上为社会发展持续输送出自己的能量，我就不敢有半点的怠慢。这是一名教师坚守的本分，更是一个公民对社会的责任与担当。师专也许没有能给大家提供最好的成长平台，没有为大家打开更大的世界，但是，师专永远会是你最坚强的后盾，老师们真切的期盼与深深的守望，希望能成为大家前行的动力。

送君千里，终须一别。亲爱的18级同学们，请允许我代表所有的老师最后再嘱咐大家几句，再送去我们最诚挚的祝福。

三年的时光，你们学到了知识，增长了阅历，丰富了人生。时间虽短，但你们早已不是那个刚进校园的懵懂学子了；时光亦长，你们充分展示了在大学中的精彩并且享受了人生中最美好的时光。你们常常调侃师专教师们"保姆"式的管理，你们也曾无数次的抱怨，但在今天，相信你们在老师们淡然放手、得体退出时候的会心一笑中找到最好的答案。

希望大家一直都如孩子般快活，也希望大家成为有担当的大人。无论你们以后开启怎样的人生，请一定保持善意、保持乐观、保持热爱、保持微笑。无论你们是否能时常回忆，无论如何，请一定尽情绽放。同时也请你们时刻铭记，不管前方迎接你的将是怎样的艰难险阻或是灿烂辉煌，在你的身后一定会有你的母校、老师以及同学们的支持与鼓励，这里是你永远的家。

离别之际，请同学们再走一走校园的每一个角落，去遇见最初的你，他/她会告诉你前行的方向；请一定和每一位给予你知识、陪伴你成长的老师们认真道个别，这将是你最后的回望与前行的底气；请一定给你的同学送去最真的祝福，他们也许是你学生生涯最后的同窗，这是你对这一时光的最好的拥抱。不管你走了多远，你或许终将走不出老师们的牵挂与祝福，再见了，亲爱的 18 级毕业生们，愿你像一颗种子，勇敢地冲破泥沙，指向天空。倦了累了，常回家看看，不管走了多远，这里都会给予你重新出发的勇气，在这里，你永远都是那个纯真可爱的少年。常回家看看，这里永远都是你的家。

最后祝大家扬帆起航！勇往直前！顺利就业！扎西德勒！

（德吉央宗）

开学典礼上的声音 [①]

  拉萨的秋天，清爽中透着丝丝凉意，经过炎热的夏天，我们迎来了收获希望的 9 月。亲爱的新生们，你们是这个秋天里我们学校一道清新亮丽的风景线。作为教师，首先欢迎各位同学走进我们学校，开启人生中最重要、最美好的三年时光。

  报到那天，大家拖着行李，或三五成群、或家长护送、或独自一人走进校园。每年这个时候，我总要问自己，三年里我能给予你们什么，才能不辜负这火样的青春，不辜负大家满怀期待的目光，不辜负家长、社会的殷殷嘱托。"人间春色本无价，笔底耕耘总有情。甘将心血化时雨，润出桃花片片红。"作为教师，我想我们都已做好准备，我们愿倾尽所有，装点各位美好的青春，向学校、家长、社会、祖国交出满意的答卷。

  此时此刻，站在这里，面对着充满活力、热情奔放的 00 后同学们，我很激动，因为在未来的三年中，我们要共同度过！我们既是师生，又是战友。未来三年，我们将并肩走过，这将是我们生命中无可复制的三年。关于今天要讲什么我思考了很久，也做了很多规划，最后，决定和同学们谈几点希望，我希望在座的所有同学在这三年里能够做到三惜，即"惜

[①] 拉萨师专 2018 级学生入校，这是德吉央宗老师在开学典礼上代表教师作的发言。

时""惜缘""惜命"。

惜时，每年给新生上的第一节课我都会告诉同学们，三年会一晃而过，毕业时同学们会告诉我，老师，三年真的是一晃而过，可惜我的很多计划都没有实施。是啊！三年时间在我们的生命长河里是极其短暂的，我们无法改变时间的长度，但完全可以改变它的宽度。每一天，我们都会欣喜于同学们的点滴成长，也会感叹青春的无限美好。在此希望同学们以最快的速度适应大学环境，实现角色的转换，能够独立自主，自我约束，让父母、家人放心。

希望同学们珍惜时间，好好规划自己的三年时光，明确前行的目标，在努力学习专业知识的同时，锻炼自己各方面的能力。"只要功夫深，铁杵磨成针""一寸光阴一寸金""少壮不努力，老大徒伤悲"，这些耳熟能详的话语，可是古人用毕生的心血换来的真理，它无时无刻不在警醒着大家：勤奋和努力才是通向成功的捷径！毕竟只有经历风雨，我们才能见到美丽的彩虹。

惜缘，不管同学们以什么样的理由选择了这所学校，走进来了我们就是一家人。既来之、则安之，能够从天南地北地走进同一所学校、同一个系部、同一个班级，就是缘分。常和同学们讲一定要珍惜也许是你最后学生时光的这三年、珍惜也许是你生命中的最后一拨的这帮同学。还有，在未来，你们都将手握粉笔登上三尺讲台，走过我们正在走着的人生，这也是缘分。希望同学们能够珍惜这份缘，珍惜你身边的老师、同学，珍惜在这个校园走过的每一天。

惜命，源于对生命的热爱、源于生生不息的希望。站在讲台上的我们，只要想到在座的每一位都将成为未来的人民教师，都将引领一代代孩子的成长，我们就不敢有半点的怠慢，这不仅是对职业的自觉与热爱，更是对每一个鲜活生命的珍惜。希望同学们在这三年里远离负能量、远离不健康的生活方式。积极锻炼身体，养成良好的生活习惯，因为拥有健康的体魄与蓬勃的生命力是美好未来的基本保障。

走进大学，便意味着你的一只脚已经踏向社会，种种压力会迎面而来，希望同学们勇于面对、善于解决学习生活中的许多问题和困难，抵制来自学业以外的各种诱惑和干扰，做好学习规划，把有限的时间、精力投入到学习与实践中去。请一定相信自己，因为每个人都有自己的价值，是金子就一定会闪光。让我们一起学会求知、学会生存、学会感恩、学会做人。

最后祝同学们扬帆起航、一帆风顺！

祝在座的各位领导、老师一切顺利！

（德吉央宗）

毕业寄语

(一)

17 汉 3 班的孩子们要毕业了，此刻心中五味杂陈，谢谢遇见可爱的你们，陪伴你们走过如此珍贵的三年。你们说给我写了首歌，你们说我是一位好船长，你们说你们感谢我。其实是我要感谢你们，感谢你们让我眼里总带着光，谢谢你们记着我所有的好。自己平时的严格甚至严厉，你们日常的闹腾，都化成了彼此满满的爱。眼见你们马上就要离开校园，步入社会，深知你们将要独挡风雨，千般万般的不舍，总觉得还有很多话没有说完，还有很多嘱咐没有到位，各种担心，各种着急。觉得自己做的还不够好，教育教学真的是一门缺憾的艺术，没有最好，只有更好。爱你们每一位同学，感谢你们让这个集体充满爱。感谢你们给了我坚持的理由。你们扬帆起航，我将原路返回。选择教师这个职业，就选择了在迎来送往中感受生命的美好。祝福你们，一定一定要加油！我会永远成为你们最坚强的后盾。

（二）

忙乱的毕业离校工作告一段落，坐下来，心里空落落的。我的17汉3的孩子们真的毕业了，三年前的第一次班会犹在眼前，转眼你们就要步入社会了，不舍、牵挂，更多的是感动。你们一直问我你们会不会是我印象最深刻的一届，你们真的是带给我感动最多的学生，也一定会是印象最深的一届。每一个人都会深深印在我的脑海中。听着你们写给我的歌，看着你们写给我的信，我在想我真有这么好？我也有很多做得不够的地方，也会着急上火，会失去耐心。谢谢你们记着我所有的好，谢谢可爱的你们。祝福你们前程似锦，一切顺意！

放手一刻的落寞，是我深深的爱与牵挂。

（德吉央宗）

教学美的瞬间

一、粉红色的暖冬

冬日暖阳配粉红色的康乃馨，温暖了这一季的寒冷。

远在新疆工作的学生，用第一份工资买的花，温暖感动。谢谢你，谢谢可爱的你们，总告诉我这个世界的美好。

二、瞬间凝成永恒

"幼儿文学"课后，一位女生追过来塞了张纸条，让我到家以后再看。

到家后打开纸条，瞬间被暖到了，纸条上写着："只想静静听着，您站在那里就是一本诗集，您的一颦一笑引导着我向某一个新世界去探索。"谢谢可爱的你，教书真是一场热恋，师生间彼此被强烈吸引，才是课堂最美的样子吧！

丁香一样的姑娘，丁香一样的愁怨，丁香似的梦。每年的这个时候，和戴望舒走过那个悠长又寂寥的雨巷，希望？失望？理想？美好？哽咽着在优美的旋律中缓缓而至。今天讲课时，看到几个女生流泪了，那份触动，我想我可以懂得。是啊！每个人的心里都住着一个丁香一样的姑娘，每个人都走过一个人的雨巷。

三、感恩、拥抱

（一）

西藏自治区高校青年教师教学大赛获奖，金秋的收获，当喜欢的东西变成信仰，你就会自带光环。感谢我深爱着的三尺讲台。真是受宠若惊，虽有遗憾，但却收获了意想不到的惊喜。

课堂真的是缺憾的艺术，没有最好，只有更好。感谢所有的关心与厚爱，感谢家人无微不至的支持与陪伴，感恩前行。

自治区大赛的第一天，穿着正装，包里带着一套运动服，教学比赛一结束就换上衣服赶去参加小宝的运动会。今天穿着运动服，包里带着一套正装，从大宝运动会现场换装赶到颁奖会场。为师为母的每一天，累并幸福着的每一天。

（二）

全国高校青年教师教学大赛获奖，这是我人生中的高光时刻了吧！激动之余，更多的是意外，有被认可的满足感，更有能以自己的方式点滴回报生我养我的这片土地的欣喜。时常告诉自己一辈子只做教书育人这件事，就努力把喜欢的事情做到极致吧！感谢我深爱着的三尺讲台，你回馈给我的何止我付出的呀！感谢家人、朋友无微不至的关心与支持，常想自己何其幸运，有那么多的爱与关怀。年近不惑，也算为青年画上了圆满的句号。

教书育人，其路漫漫，求索不止。记住那位素未谋面的长者寄予的殷切期望，记住所有的爱与善意。

回去补课、带娃，认真工作，积极生活。用心尽好为母、为女、为妻、为师的本分。

四、收获的季节

行进在万里羌塘，从早八点到晚上七点转了当雄县五个实习点，看望拉萨师专的实习学生。监考的、上课的、和家长沟通的，实习生们经过两个月的磨炼，俨然已经基本完成了身份的转变。看到了孩子们努力的样子，和正在经历着的蜕变。实习学校都给予了高度的肯定，特别高兴听见"一看就是师专的学生的样子，认真、尽责、谦虚"这样的评价，还不止一次。回来车上骄傲地说着："我们学校的学生出了校门都真的会特别争气。"

五、送实习生

送实习生，每年这个时候，总要问自己：我的学生做好准备了吗？每年一样会心生忐忑。那些我觉得还不够的，是我继续努力的理由，也希望是你们努力前行的动力和方向。所有的经历都是财富，从理论知识到真实课堂，一定会经历艰难曲折，也一定会有出乎意料的收获。愿你们经过一个学期的历练，遇见更好的自己，请一定用心去做，努力去爱，用情去感受。

六、成长的美好

最幸福的是能够见证你们成长的点滴，在语文系学生"小学语文课程说课比赛"决赛中，学生们的表现远远超出了我们的预期，看到了你们努力，也看到了你们用心迈出的这一步。这一刻，所有的辛劳都只剩下感动，谢谢可爱的你们，总能给予我坚持的理由。我知道我生命中无数循环往复的三年是你们生命中唯一且珍贵的三年，所以，我珍视每一个和你们在一起的三年，珍视生命中的每一天。

（德吉央宗）

祝福拉萨师专

小　序

学校搬迁在即，校园里的小剧场已经老旧了很多。每当走进小剧场就会想起一年一度的普通话形象大使选拔赛，还有每年大小不断的各种学生才艺展示。这座剧场见证了多少学生的成长，拥抱了多少炽热的青春呀！曾和邻座的老师说希望新校区能有个"高大上"的剧场。这档期满满的每一天，都是对活着的最高致敬吧！老师会迷恋学生的成长，这是一名教师不竭的生命之源吧！多忙多累，也会欣然为学生的点滴成长感动不已，会有源源不断的热情投入热爱的岗位上，能如此就已经满怀感恩了。

眨眼已在师专工作了十五年。当初的"师校"，现在的"师专"，不久后的"师院""师大"。岁月在变迁，学校在发展。感怀师专的过去，努力在师专的当下，祝福师专的美好明天。

十五年

从同一块石板地踏过

十五年

迎面总能遇见最初的梦

十五年

从校园到校园

十五年

从初出茅庐到人到中年

十五年

从中师到师专

再到即将成为的师院

十五年

我与你共成长

十五年

你拥抱了我的泪水与汗水

也承载了我的甜蜜与喜悦

十五年

一届又一届学生走上三尺讲台

延续着我对教育事业的爱与执着

十五年

不忘初心　坚守本分

庆幸自己还是那个满心欢喜的教书匠

祝福你，我的师专

（德吉央宗）

母爱与生命的节律

一、踏秋趣事

我说去看看秋吧！
哥哥说要带上刚借的《希腊神话》，
弟弟问秋在环球中心么？
有没有游乐场

于是
我带着你们
你们带着各自的小期待
我们
踩过厚厚的落叶
在斑驳的树影间
走进了秋的怀抱

你们在金色的世界里

尽情地玩耍

你们喜欢

这个天然的游乐场

我喜欢

自由奔跑的你们

是啊

你是斑驳的秋

挣脱了夏阳热烈的怀抱

迎向凛冽的冬风

你是自由

你是成全

你是宿命

你是爱与勇气

二、静夜遥想

2015 年 1 月，两个宝贝和妈妈来到爸爸驻村的昌都察雅县夺赤村，夜晚，我们在村子里的小院里仰望高原满天星辰。

送月亮爬过山顶

看繁星闪烁天际

任凭凉风拂面

宝贝儿

很多年后

你们是否会想起今夜

想起和爸爸妈妈一起看星空

你告诉我们那颗是北斗星

因为数它最亮

时间呀，请再慢些吧！

三、常相随

月亮躺在星星的怀里

闪耀光芒

星星双手捧起月儿

托向无尽的夜空

孩子躺在妈妈的怀里

甜甜入睡

妈妈轻抚孩子的小脸

传递深深的爱恋

月亮

畅游夜空

星星

一路相伴

近了，远了

远了，近了

总在适宜的时候

衬托月亮的光芒

孩子

远走天涯

妈妈

目光相随

远了，近了

近了，远了

总在需要的时候

照亮回家的路

四、送子远行

13 岁的儿子考上了内地的"西藏班"，于 2021 年 8 月 25 日独自踏上了去往上海求学的道路。

目送你的背影

消失在人群中

妈妈的心

也被挖走了一大块

泪眼婆娑中

是你渐行渐远的背影

六年前

当你的背影

同样淹没在一片小黄帽中

妈妈就知道

你将逐渐剥离出我的世界

奔向属于你的爱恋

六年来
妈妈努力踏进
你的每一个微小的悲喜中
用尽全力陪伴你
为了放手一刻的
勇气

走之前
你和每一位爱你的长辈用心告别
昨晚夜里
你一直辗转反侧
告别时候
你努力望向别处

妈妈知道
你是一个细腻敏感的孩子
你总能触及微小的情感
你也一直珍视每一份身边的爱
妈妈懂你
不善表达
又极富深情

妈妈懂你的脆弱
更理解你的坚定
妈妈也会努力成长
为了和你

站在一起看世界

宝贝

在这层指向分离的关系中

妈妈感谢你们

纯真的爱

妈妈爱你

胜过生命

但妈妈知道

妈妈的爱

决不能成为你前行的羁绊

从此

你将踏上你的人生

从此

妈妈将永恒守候

从此

你与我的母子情缘

将在一次次告别中

绵延

致远

从此

妈妈的心将空出一大块

陪你走过漫漫人生路

从此

妈妈的心将永远为你
留白

宝贝
妈妈知道这个世界
并非只有善意
但也请你相信
爱与善良
才是这世间万物的通行证
大胆去爱
大胆去拥抱吧！
因为妈妈永远都会
在你目之所及处

加油！我的宝贝
愿妈妈的爱
给予你守望这个世界的勇气
愿你成为最好的自己

愿你
永远热爱
永远阳光
永远善良
永远向上

（德吉央宗）

童言、童心与诗

一、希望的诗

（一）

妈妈

我希望自己是空气

因为

空气不会生病、不会衰老、不会死去

还因为

空气

永远都是自由自在的

是朵白云也可以

因为白云

只需改变颜色

就可以制造

变化多端的天气

（二）

妈妈

你知道吗？

世上本只有一朵白云

因为一阵风

让它散落天际

二、上课爱说话的秘密

小宝："妈妈，我告诉你一个小秘密吧！"

我："好啊！我一定保密。"

小宝："妈妈，我发现了一个现象，就是我如果长时间不说话嗓子就会哑掉。"

我："啊！那怎么办呀？"

小宝："所以，有时候上课时间很长的话，我感觉嗓子马上要哑掉的时候，就会悄悄说上一两句话，防止真的变哑，我也只能这样保护一下嗓子了。"

我："……"

三、生与死的话题

清明主题绘本，小家伙一直问汤姆一家为什么不戴口罩，虎斑猫、国王、水手、小偷、魔术师、小女孩………为什么都不戴口罩，还到处走，真的是太危险了，难道他们不怕新型冠状病毒吗？不怕无症状的病毒吗？

这操碎心的小宝贝呀！听完我的解释并确认了作者在写这个绘本的时候没有这种病毒，他才罢休。

看完故事小家伙含泪告诉我，所有的人都会离去，所以要珍惜所有的人。

是的，宝贝。妈妈想要以平常心告诉你们人生所有的不可避免的经历，不想避开这些话题，包括生死。愿妈妈有足够大的能量给予你们拥抱生活的能力，包括风雨。

（德吉央宗）

第五编　学术情怀

　　西藏有数不清的神山圣湖，那是一个让人易生信仰的地方。

　　人必有信仰。因信仰而行动便是情怀。

　　雪域高原支教，源于信仰，见诸行动，化作情怀。

局外的局内研究者

　　拉萨师专把我安排在语文和社会科学系，系里让我负责教科研活动并协助小学语文教育专业进行课程与教学的相关研究。由于对环境不熟悉，开始我只是听课、听老师们谈心、对学生进行访谈，再就是参加系里和学校的各种会议。支教生活既是工作又是研究，新的环境，新的文化，新的同事，新的学生，还有西藏教育的特殊性，这一切给自己带来了许多学术兴奋点。或基于现象分析，或基于问题解决，或基于发展需要，我不断地思考着。开始，我是作为一个局外者的角色进入学校生活的，慢慢地，熟悉了环境之后，我从一个局外研究者转变为一个局内研究者。

　　结合西藏社会文化的特殊性，从实际出发，实事求是，站在师专的角度，以师专人的立场看问题。一名有情怀、有责任感的教育科学研究者就应该像人类文化学者那样，站在文化持有者的立场，用文化持有者的眼光看待一种文化现象。作为一名支教老师，我既是一个局外人，又是一个局内人，是一名作为局外人的局内研究者。

　　在西藏做教育研究，要从国家安全需要和西藏自治区的区情出发思考教育问题，而不只是从教育学者所持的应然立场去言说问题。拉萨师专学生的文化课基础较差，这是我经历到的现实，也是我听到的最多的抱怨，不仅仅是师专的老师时常说他们的学生文化课基础差，学生没有养成好的学习习惯，课很难上，同来的内地支教老师也都持有这样的看法。于是，我对生源问题进行了思考，对师专的老师和学生进行访谈，在调研的基础上，以"师专生源"为研究切入点，写了论文《国家安全视角下的西藏高等师范学校发展定位——基于拉萨师范高等专科学校生源特殊性的分析》，论文结合西藏区情和国家政策对师专升本的必要性和升本后的发展定位进行了理性分析。这篇文章的主要观点如下：

> 西藏自治区高等师范学校生源的特殊性表现为生源地域的相对封闭性、生源构成的民族多样性和生源文化课基础薄弱。从国家安全视角来看，西藏自治区高等师范学校的发展要处理好生源地域的相对封闭性与家国情怀的涵养、生源构成的多样性与中华民族共同体意识的铸牢、生源文化课基础薄弱与民族地区合格教师的培养三对矛盾。西藏自治区高等师范学校的发展定位应满足维护国家政治安全、社会稳定、地区经济建设和基础教育发展的需要。

这是一篇从国家安全的角度研究西藏高等师范学校发展问题的文章。文章发表后对拉萨师专将是一种直接的推介和促进：让更多的教育理论研究者了解、关注、支持西藏高等师范教育的发展。

"援藏"是一个热点话题，来西藏之前听到一些内地援藏单位说援助的仪器材料到了受援单位后常被闲置。这个现象表面上看是受援单位的问题，但实质上还是援助单位的问题。援藏工作不能想当然，要进行调研，要"援人之所需"，援藏工作的开展要实事求是，一切从实际出发。我结合调研的数据和中央的西藏政策，提出了"内涵式援藏"这一概念，认为教育援藏不同于经济建设援藏，教育援藏有很大的特殊性，在政府对学校物质投入达到一定条件后，要从"内涵"发展的角度思考援藏问题。这些观点被我写进了论文《高等师范教育内涵式援藏：理念、思路与机制》，本文在国内学界第一次提出了"内涵式援藏"的概念。这篇文章的主要观点如下：

　　高等师范教育内涵式援藏对西藏教育发展具有积极意义。内涵式援藏的目的是促使西藏自治区高等师范教育在发展过程中基于自身实际，借力外在因素，激活学校内在因素。内涵式援藏通过理念融合、制度完善形成受援学校的可持续内部发展动力机制；通过协调鼓励形成援藏工作的外在实施保障机制。

　　援藏生活艰辛亦美好，我把这种艰辛亦美好的生活写进《雪域高原支教散记》一文。文章在江苏省委教工委举办的 2021 年"同心故事征文"中获二等奖。

　　藏族学生很纯朴，很讲礼貌，我在对他们进行访谈的时候，他们都很真实、很投入地讲他们的家乡，讲他们的学习和生活。他们热爱自己的父母兄弟姐妹，热爱高原的阳光，热爱高原的风，热爱雪山、圣湖。他们同我讲他们童年的故事，讲他们的风俗，讲他们的村庄和学校的变迁，讲国家政策给他们的生活带来的美好变化。我也不时和他们分享内地大学生的学习和生活故事，分享我在南京师范大学的教学和生活故事。我把我写的书和文章分享给他们，指导他们阅读。通过藏族学生，我对西藏的教育和文化有了深度的接触，我希望通过我的研究能对民族文化的融合、中华民族共同体意识的铸牢起到一点点作用。

做有情怀的教育研究者

教育者须有情怀。

语文系德吉央宗老师是系里安排与我进行工作对接的老师，平时除了系部的工作，语文教学教研活动都由她和我联系。在我的印象中，德央是一位很有教育情怀的老师，她总是站在学生的立场，从学生的角度思考教学和学校管理问题。我们在交谈时，她曾说，学生基础差，要一个字一个字地教，一首诗一首诗地督促他们背诵。一节课上完了，如果不检查不督促，由于学生的基础差，好的学习习惯还没有养成，新教的内容他们很快就会全都忘掉。没有检查督查，学生什么东西都学不到。教师在课堂教学中不但需要爱心，还需要有责任感。

德央老师把学生视作一颗种子，她在今年的学生毕业典礼上对学生说："走上讲台，只要想到你们会步入社会，或引领一代代孩子的成长，或在不同的岗位上为社会发展持续输送出自己的能量，我就不敢有半点的怠慢。"

拉萨师专老师们的日常教学负担很重，加之学校管理中的许多琐碎事情，每位老师都感到很忙。但德央老师不因为忙而放弃对问题的思考。她很有研究精神，我们经常就一些问题展开讨论，如学校人才培养方案、小学教育（语文）专业"升本"论证报告、思政课程案例、年轻教师成长、个人专业发展等。在教育观点上，我们有许多研究视角不谋而合。上学期她领衔申报了西藏自治区《小学语文课程与教学》一流课程，申报前我们对方案进行了认真的讨论，对课程的名称、课程目标、课程性质、设计理念和思路进行了深入的分析。这学期得知方案通过了自治区教育厅一流课程评审，并且是拉萨师专唯一一门通过评审的一流课程，很为她高兴。

因爱而生的学术信仰

我的高原支教得到了家人的支持，也影响了我的家人。第一学期快结束的时候，妻子准备来拉萨，但后来我因单位有事，提前返回内地，已经为西藏之行准备好行头的妻子没有成行。妻子没来西藏虽有遗憾，但这学期儿子来到了拉萨，这多少弥补了她的遗憾。

儿子正在读博士，研究方向是高等教育学，他的博士论文做的是"精英和普通高校农村大学生的身份认同比较"，从人类文化学的角度分析当代中国农村大学生的身份适应和认同问题。他在基本完成了论文数据搜集和资料分析的工作后，跟我说要来西藏体验一下藏族文化。

他9月中旬到的拉萨。在拉萨生活的这段时间，他主要是做他的论文，偶尔出去看看雪山圣湖，体验独特的藏族文化，了解西藏的历史，感受西藏的人文风情。在拉萨，他的论文进展比较顺利，这或许是从西藏美丽的风景和感恩的文化中得到了一些灵感。在完成了论文的主体章节后，他把自己的论文暂时放下，开始对藏族大学生的生活进行调研，搜集了一些藏族大学生学习和生活的数据，并与被访谈的藏族学生建立了经常性的联系。他说将来若有机会一定会再来西藏，深度地体验西藏的文化，研究西藏的教育问题。

儿子离开拉萨回内地的时候，我正在那曲的牧区学校调研。调研工作结束回来后听师专的老师说，他看到我儿子在和几位藏族学生拍照合影，知道这是他回内地前要和藏族学生留些纪念。教育研究，不论是质性的还是量化的，都要有爱心和责任心。热爱一种文化才会倾心去研究一种文化。"为什么我的眼中饱含泪水，因为我对这片土地爱得深沉。"（艾青《我爱这土地》）教育以爱为前提，教育研究也同样以爱为前提。研究者因为有爱而有学术责任和学术担当。

父子两代人同时研究中国的教育，两代人的阅历不同，学术背景不同，话语方式不同，研究方法不同，研究视角和内容不同，但对教育的忠实情怀是相同的。这种情怀在西藏，在圣地拉萨形成了交织点，产生了学术思想和学术方法的打通。

西藏有数不清的神山圣湖，是一个让人易生信仰的地方。

人必有信仰。因信仰而行动便是情怀。

雪域高原支教，源于信仰，见诸行动，化作情怀，成就幸福。

牵　挂

　　千里之外，空间阻隔，雪域高原支教，有许多牵挂，最多的牵挂是家人，除了家人，就是本人名下在读的十几名研究生。

　　来西藏支教的第一学期，名下有六名硕士生待毕业，虽然她们的学位论文在我离宁之前已基本完成，学位论文已经没有大的问题，但导师不在身边，学生的心里总归是少了点依靠。尤其是在论文送审、答辩的那段时间。答辩时若有导师在旁边，学生会产生更多的自信。虽然学校没有明确要求导师要对学生的工作和就业负责任，但每届毕业生的工作和就业问题都会是导师们的最大牵挂。论文答辩结束后，其他的毕业生都能在校园里与导师愉快地合影，在人生的一个关键节点留下美好的回忆，我的几位学生却只有来自青藏高原的遥远祝福，我能想象她们那时的状态。她们的怨或不怨、怪或不怪、理解或不理解、希望或失望，就像我的祝福一样都藏在她们的心里。或许在未来的某一天，她们会突然意识到，学术的路和生活的路都得自己去走，世界要自己独立去面对，生活的酸甜苦辣要自己去品味。做学术和过生活是同样的道理。导师的角色是一个引路者、指导者、伴随者、合作者。每一个人的生活都需要自己去选择，机会需要自己去把握。挟着学生走、带着学生走、伴着学生走、望着学生走、跟着学生走是不同的导师风格。作为导师，我宁愿选择后三种。我的导师杨启亮先生在和我们的一次交流中曾谈到导师和学生的关系，他说导师不是园丁，而是护林人。园丁的工作是删繁就简，砍去多余的旁枝，照园丁心中既有的样子去造就一棵树；护林人的工作是保护那片林子里的所有花草树木，不让人盗伐，不让人破坏，花草树木缺少营养，护林人要施肥，花草树木生病了，护林人就要打药除虫。护林人的最大幸福是坐在林子边上看着林子里的大树小树自由自在地成长。导师的幸福就是看着自己的那一群学生自由自在地成长。

这里说一个插曲。毕业前一位学生的论文被抽到了盲审，她开始很紧张，打电话给我说自己"中了"，我开始没有明白她的意思，后来才知道是她的学位论文被盲审抽中；我让她不要担心，因为论文开题是经过科学论证的，数据收集和研究过程都是真实的，论文全都由她自己写，有她自己的思路，有她自己的观点，并且我一直关注着她论文的写作过程。但为了稳妥，我们还是从标题、摘要、关键词、目录开始对论文进行仔细审读、修改，渐渐地她有了自信；盲审结果出来了，是3A，她很开心，第一个打电话给我，我再一次给她很大的鼓励。

毕业时三名课程与教学论专业的学硕和一名小教专硕都顺利找到了理想的工作。毕业生找到了工作，第一个愿意分享快乐的除了她们的父母、她们的情侣，估计就是她们的导师。两名职教专硕同学毕业时工作还待定，我尽可能多地给她们鼓励让她们保持信心。后来这两名职教专业的同学也都找到了自己理想的工作，一名同学考取了扬州市一个街道的公务员，一名同学回到自己的江西老家做了一名中学英语教师。

再说一个插曲。三位学硕中有一位同学第一次应聘面试时间与学院规定的硕士论文答辩时间有冲突。面试在青岛，答辩在南京，且面试要封闭一天。她当时很着急，想着面试又想着答辩。若这样，面试和答辩都会受到影响。最后经过与领导的反复沟通，问题终于得到解决。戏剧性的是，起初面试的小学岗位没去成，后来却去了青岛大学。好事多磨。机遇是给有准备者准备的。

旧去新来，西藏支教的第二学期，又有三名课程与教学论学硕和四名专硕新生来到名下。虽然这学期由于疫情，和其他导师一样，与新生的第一次见面都是在网上，但十月中旬新生报到后，导师们都能和新生在美丽的随园见面。我和我的新生相约的第一次师生线下见面是在十二月下旬（西藏这边学校是十二月下旬放假）。

这学期，三年级"学硕"和二年级"专硕"或忙于写论文或忙于为各种应聘做准备，虽然她们都有明确的学习方向，我们还是经常通过微信或腾讯会议讨论问题。二年级"学硕"准备论文选题，为开题报告做准备，一般情况下我们是每周聊一次。一年级"学硕"和"专硕"忙于学位课程的学习，我们见面的时间相对少些，但我也尽可能多地给她们学习方法上的指导和学业规划上的帮助。

"牵挂"是一种心理活动，只有把这种心理活动变成切实的行动，"牵挂"才会转化成为一种实质性的力量。老师对学生的爱要变成学业上的关心和人生道路上的指引。

第六编　理性之思

　　"学高为师，身正为范"，"师"与"范"相比，从基础教育对学生的影响来看，"范"比"师"有更深远的影响。对师范生来说，"身正"具有第一位的意义。"学高"是一个相对概念，而不是一个绝对概念。"学高为师"是对成长中的儿童来说的。

　　基础教育学校的教师要有丰富的学识，但基础教育学校的教师不是专门学科知识的研究者和生产者，教师丰富学识的界限是学生在成长过程中可能达到的边界。

国家安全视角下的西藏高等
师范学校发展定位 ①

生源对高校发展具有重要的影响，高校发展定位需要考虑生源的因素。然而，生源与高校发展的关系具有复杂性，这种复杂性既不完全取决于生源条件，也不完全受学校发展条件的影响，而是决定于国家发展的需要。西藏自治区特殊的地理、文化环境和总人口基数决定了其高等师范学校生源的特殊性。发展西藏自治区的高等师范教育需要充分认识这种生源的特殊性。西藏自治区高等师范学校的发展如何定位，是参照内地师范高校"一流"、"卓越"的办学思路，还是依据西藏本地实际进行符合西藏区情和国家建设需要的发展定位？如何从边疆地区高等师范学校发展定位的角度看待生源对西藏高等师范学校发展的影响？本文从国家安全视角出发，以拉萨师范高等专科学校（后文简称"拉萨师专"）为例对上述问题展开讨论。

一、西藏高等师范学校生源的特殊性

西藏自治区目前有七所高等院校，除西藏大学和西藏民族大学（咸

---

① 此部分内容最初发表于《高等教育研究》2021 年第 11 期，有改动。

阳）设有本科师范教育专业外，拉萨师专是自治区唯一一所培养基础教育师资的普通高等师范学校。迄今为止，"全区52.74%的小学幼儿师资、50.14%的小学幼儿园管理干部出自拉萨师专。"①作为一所专科学校，拉萨师专生源的特殊性体现在生源的地域、人口、民族、文化课基础等方面。

（一）生源地域的相对封闭性

西藏自治区高校的本专科生源以自治区本地学生为主，新生来源的地域具有相对封闭性。这是由西藏自治区高海拔、高寒低压缺氧的高原环境造成的。高原环境使长期生活于内地的人较难适应这里的生活，再加上交通的不便利、文化的不同、就业机会的差异，内地生源一般不会选择报考西藏地区的高校。与农牧业、藏医药等有较强地域优势特色的专业相比，西藏自治区高校师范专业的内地生源较少。尽管西藏自治区对师范生实行免收学费、生活补助和国家奖助学金制度，每年从内地招来的高考生源还是很少。拉萨师专2021年招生计划中，预计录取数是1734人，区外计划录取数是200—300人②，西藏本地生源与内地生源的比例约为6比1，且内地学生的实际录取数比计划录取数要低，另外，区外招生计划中，有200人用于招收中职起点对口高职的考生。

西藏自治区总面积122.84万平方公里，约占中国国土总面积的八分之一③，但常住人口只有364.8万④。面积广大、人口稀少且分布广泛是西藏自治区人口的特点。由于西藏人口基数小，在校高中生少，高校生源相应就少。目前，西藏有高中生65500人、中职生25402人⑤，这些普通高

① 《拉萨师范高等专科学校简介》，http://www.xzlssf.org/about/jianjie/。

② 《拉萨师范高等专科学校2021年招生章程　教育部阳光高考信息公开平台》（chsi.com.cn）。

③ 《西藏概况》，http://www.xizang.gov.cn/rsxz/qqjj/zrdl/201812/t20181221_34484.html。

④ 《西藏自治区第七次全国人口普查主要数据公报》，http://tjj.xizang.gov.cn/xxgk/tjxx/tjgb/202105/t20210520_202889.html。

⑤ 《西藏自治区第七次全国人口普查主要数据公报》，http://tjj.xizang.gov.cn/xxgk/tjxx/tjgb/202105/t20210520_202889.html。

中的应届毕业生和中职应届毕业生构成西藏自治区高校的主要新生生源。其中应届高中毕业生成为普通本、专科高校的主要生源，通过高职院校考试的毕业生成为高职院校的新生生源。另外，在这些高中、中职毕业生中还有一部分学生选择报考了内地高校，这就使报考西藏本地高校的学生数进一步减少。据中国高等教育学生信息网（简称学信网）2021年6月的数据，拉萨师专现有学生中自治区区内学生4231人、区外学生750人。

上述由于地理、经济和文化因素造成的生源地域封闭性很难通过政策途径改变，在未来较长的时间内，西藏自治区高等师范学校的生源主要来自区内。

（二）生源构成的民族多样性

西藏自治区是一个以藏族为主的多民族构成地区。据西藏自治区第七次人口普查数据，到2020年11月，全区常住人口中，藏族310多万人，其他少数民族6.6万多人，汉族44万人[①]。拉萨师专的生源主要以藏族学生为主，据学信网2021年6月的数据，拉萨师专有藏族学生4244人，汉族学生616人，其他少数民族学生121人。这些来自不同民族的学生在共同的班级里学习，在共同的组织里活动，彼此交往，相互接纳。不同的民族文化在日常的校园生活中通过学校的课程与教学相互融合，形成和谐的校园民族大家庭。

多民族文化融合体现在思想、课程与教学、语言、生活习惯等方面。第一，思想融合。主要表现为党的方针政策、国家的意识形态、公民素养对学生的教育陶冶。第二，课程与教学融合。不仅学校的每个专业都招收了不同民族的学生，如藏文、汉语专业均招收了汉族、藏族和其他少数民族的学生；而且不同民族的音乐、舞蹈、绘画在学校的课程实施方案中都

---

① 《西藏自治区第七次全国人口普查主要数据公报》，http://tjj.xizang.gov.cn/xxgk/tjxx/tjgb/202105/t20210520_202889.html。

有体现，如锅庄、弦子、朗玛等表演艺术，唐卡绘画艺术。第三，语言融合。表现在课堂和日常的学习交往中，师生会用汉、藏两种语言交流，在学校举办的大型艺体活动中，主持人通常使用汉、藏两种语言主持节目。第四，生活习惯融合。表现在饮食、服饰等方面，学校食堂有藏餐、川菜、清真食品供师生选择；学校在召开会议、举办大型庆典和开展艺体活动时要求师生穿着正装或民族服装。

（三）生源文化课基础的薄弱性

拉萨师专的招生工作是在西藏其他本科高校招生工作结束之后进行的。根据西藏自治区普通高校招生文件的规定，拉萨师专每年招收的新生由三部分组成。第一部分是在全国普通高考本科线下的专科段分数考生，或本科录取过程中滑档的考生，这是学校新生的主要组成部分。第二部分是从西藏自治区中职对口升学的高职本科招生名额完成后未被高职本科院校录取的学生中招收的新生。第三部分是扩招生，即西藏自治区未参加对口升学考试的中职毕业生，这是西藏自治区政府以"任务"的形式分派给学校的招生名额。后两部分生源没有经过普通高中的课程学习和严格的高中课程考试训练，文化课的基础较差，一些学生缺少良好的学习态度和行为习惯。这两部分学生被录取后，学习大学阶段的课程存在困难，学校要以"补课"的形式帮助他们补习学科基础知识。在上述三部分学生中，即使第一部分通过普通高考进入学校的学生，文化课基础也很薄弱。要在三年时间内将这些文化课基础较弱的学生训练成为合格的人民教师，这给学校的课程和教学带来了巨大的挑战。

二、国家安全视角下西藏高等师范学校发展面临的问题

国家安全视角下的人才培养是要解决"培养什么人、为谁培养人、怎

样培养人"的问题。培养社会主义的建设者和接班人是我们党一贯坚持的教育方针，高校要根据生源的基础条件，将他们培养成为有用的地区和国家建设人才。生源的特殊性是高校课程编制和教学设计的基础性条件，它应与国家的人才需求相统一。从国家安全与发展需要的角度，拉萨师专的人才培养应处理好以下几个问题。

（一）生源地域的封闭性与家国情怀的涵养

西藏是重要的国家安全屏障和生态屏障，是抵御西方反华势力遏制分化中国图谋的前沿阵地，是维护祖国统一、反对民族分裂的重点地区。西藏自治区的稳定和安全影响着国家的稳定和安全。"治国必治边、治边先稳藏"是国家战略①。虽然西藏自治区高等师范学校生源地域的相对封闭性使学校发展在一定程度上受到限制，但从国家安全的视角看，生源的地域封闭性不是制约学校发展的条件，也不影响学校对学生的培养。学校要根据生源地域相对封闭性的特点制定合适的课程方案，选择合格的课程内容，采用合适的教学方法。在编制课程内容时，要做到将国家法律、政策对师范生培养的一般要求与西藏自治区的区情相结合，编制符合区情的师范生培养方案。师范生的课程编制要以立德树人为导向，以家国情怀涵养为出发点，引导学生将热爱家乡、建设家乡的朴素情感发展成为热爱祖国、建设国家的公民意识。

爱家而爱国，爱国而爱天下。家国天下的情怀是中华优秀传统文化的基因。"物格而后知至，知至而后意诚，意诚而后心正，心正而后身修，身修而后家齐，家齐而后国治，国治而后天下平。"②"家国"是个体存在的基本条件，因家国情怀而有天下眼界。教学要指向心灵，心灵的完美显示于德行，德行显示于家国情怀。西藏自治区高等师范教育要为基础教育

---

① 习近平：《在中央第六次西藏工作座谈会上的讲话》，《人民日报》2015 年 9 月 28 日。
② 《礼记·大学》，中华书局 1993 年版。

培养具有家国情怀的优秀人才，让他们有扎根边疆的意愿，有建设边疆的能力和保卫边疆的意志。西藏自治区的许多中小学所在地区要么是海拔高、低压缺氧的高原，要么是位置偏远、交通不便的边境山区。如海拔4500多米的拉萨市尼木县麻江乡完全小学，距离拉萨市约200公里。从学校的硬件设施看，这所学校与内地学校没有太大差异，但高海拔造成的低压缺氧、常年大风、漫长的雪季、不便的交通、不畅的网络使学校的生活条件十分艰苦。这所学校的学生都是牧民子弟，学校以藏族教师为主。这些教师之所以安心在高原教书，是因为这里是他们的家，他们爱家，爱牧区的草原和雪山，爱这里的孩子。他们以朴素的爱在雪域高原播撒民族精神的种子。他们是普通的教师，生活在这片国土上，教育着这片国土上的孩子，同时他们也建设、守护着这片国土。教育是一种家国情怀的涵养。

（二）生源构成的多样性与中华民族共同体意识的铸牢

习近平在中央民族工作会议上强调："必须以铸牢中华民族共同体意识为新时代党的民族工作的主线。"[1]铸牢民族共同体意识是国家长期安全的保证，拉萨师专生源民族构成的多样性为民族文化融合和中华民族共同体意识的铸牢提供了条件。西藏工作要以祖国统一和民族团结为着力点，促进民族交往融合，打牢民族团结的思想基础。文化认同是民族团结之根，高校具有文化传承创新的基本职能。高等师范教育是促进民族文化融合的重要途径，要培养能弘扬民族精神的接班人。"要重视加强学校思想政治教育，把爱国主义精神贯穿各级各类学校教育全过程，把爱我中华的种子埋入每个青少年的心灵深处。"[2]西藏自治区高等师范教育在中华民族共有精神家园建设、推广普及国家通用语言文字、弘扬先进文化等方面具

---

[1] 习近平：《在中央民族工作会议上的讲话》，http://www.cac.gov.cn/2021-08/28/c_16317461399 13952.htm。

[2] 习近平：《在中央第七次西藏工作座谈会上的讲话》，《人民日报》2020年9月1日。

有重要作用。

优秀的师资队伍有助于从基础教育阶段起铸牢中华民族共同体意识，扣好学生人生的"第一粒扣子"。拉萨师专毕业生中的大多数将回到他们的高原家乡，向他们的父辈、学生推广国家通用语言文字、宣传党和国家的方针政策、弘扬中华民族精神，在促进西藏地区的和谐发展和民族团结的工作中承担着具体任务。拉萨师专的发展要结合新时代精神，深入进行师范课程与教学的改革，为自治区基础教育学校培养高质量的教师。

（三）生源的文化课基础薄弱与民族地区合格教师的培养

西藏自治区小学和幼儿园需要大量的合格教师。据西藏自治区教育厅官方网站数据，截至 2019 年 10 月，自治区有小学 821 所，幼儿园 2,014 所；小学生 340,952 人，在园幼儿 141,660 人；小学教师 23,064 人，幼儿园教师 6,677 人。[①] 从数字上看，自治区小学和学前师生比基本合理，但由于高原的特殊环境，教学点多，单所学校学生数少，不能简单地参照国家规定的师生比分析问题。尤其是远离城市的农牧区，合格教师数量缺口大，学科分布不平衡，师资队伍质量不高，教师学历有待提升。在当前学生文化课基础薄弱的条件下，学校要根据西藏自治区基础教育发展特点为小学和幼儿园培养大量合格教师。

合格教师的培养要处理好师范生德行和学识的关系。要以德行为前提，以学识为根本，做到"以德立学"。在自治区师范生源现有文化课基础上，打牢学生的知识和能力底线、形成基本教学技能。对一位小学和学前教师来说，纯粹的教育热爱和精湛的教学技艺比精深的学识更有价值。

根据师专生源的特殊性设置培养方案。首先，学校要围绕师范生的知识结构和水平确定教学目标、制定教学内容、选择教学方法、进行教学评

---

① 《2019—2020 学年初全区教育基本数据公告》，http://edu.xizang.gov.cn/6/28/1459.html。

价。通过严格的课程训练，帮助学生达到文化课的合格底线，具备基本教学技能。其次，师范生培养要有发展性，不但要设置合格底线标准，还要有对学生毕业后五年左右发展目标的预期，引导毕业生在教学实践中，从合格教师发展成为卓越教师。最后，师范生的培养要充分发挥"地方性知识"的作用，将"地方性知识"纳入培养方案中，让"地方性知识"成为师范生成长的优势。在高原农牧区出生成长的藏族学生有丰富的高原生活知识、独特的文化传统体验、极富审美的民族歌舞艺术，学校课程将这些独特的"地方性知识"纳入学校正式课程，将有助于学生师范技能的培养。

三、"升本"后的高等师范学校发展定位

拉萨师专"升本"是西藏社会稳定和安全的战略需要，是铸牢中华民族共同体意识的需要，是推动西藏经济高质量发展的需要，是加快西藏基础教育师资队伍建设的需要。拉萨师专在"升本"后的发展定位问题要基于这四个需要。下面从国家安全与发展的角度对这一问题展开讨论。

（一）培养目标定位

从国家稳定与安全的角度看，拉萨师专"升本"后的培养目标应定位于为西藏自治区基础教育学校培养合格的师范生，主要是小学和幼儿师资。学校提出以"靠得住、用得上、下得去、留得住、教得好、能发展"的西藏基础教育的"四有好老师""四个引路人"的人才培养目标。[①]

首先，培养合格师范生的育人目标定位符合西藏自治区经济建设和基础教育发展的需要。西藏广袤的国土需要公民生活、建设和驻守，需要大量受过高质量基础教育的劳动者，基础教育学校质量的提高又需要大量合

---

① 《拉萨师范高等专科学校简介》，http://www.xzlssf.org/about/jianjie。

格教师。自治区师范教育要考虑到学生毕业后能适应高原边疆生活、扎根边疆建设。高等师范教育要培养师范生"爱国兴藏"的精神、"教书育人"的情怀和能力。

其次，根据生源的基础状况，拉萨师专"升本"后的师范生培养目标应定位于以培养技能型小学单科教师为主，为自治区培养合格的小学单科师资。以合格师资培养为底线要求，让每一位学生通过本科阶段严格的师范课程训练，具备法律规定的小学或学前教师必须具备的德行、学识和技能，既满足自治区小学和幼儿园对大量合格师资的需求，又切合院校本身发展的实际。一切从实际出发，实事求是，为西藏小学和幼儿园培养合格师资是拉萨师专"升本"建设过程中需要遵循的科学态度。

（二）课程与教学定位

西藏特殊的区情决定了国家安全教育在基础教育阶段具有重要意义，国家通用语言文字运用能力、公民意识、民族共同体意识需要在中小学阶段打牢。这些任务的完成需要教师具备基本的中小学学科知识和扎实的教学技能。基于上述考虑，拉萨师专"升本"后的课程与教学围绕以下两点进行。

首先，依据人才培养目标进行专业设置。拉萨师专目前有语文和社会科学、教育、信息技术、数学、艺体和公共教学、继续教育等七个系部。教育系部培养学前师资，兼全校教育学、心理学公共课程的教学；公共教学部培养小学思政教师，兼全校思政类课程的教学；其他系部培养相应的小学各单科教师。按照拉萨师专升本规划，2022年下半年开始招收首届本科生。学校"升本"后着力建设的专业是"小学教育"和"学前教育"。"学前教育"将在学校当前的教育系基础上建立和发展。"小学教育"在学校既有各学科专业基础上建立和发展，如小学教育（语文）、小学教育（英语）、小学教育（藏文）、小学教育（数学）等。由于自治区小学师资学科分布不均衡，各专业实行"一专一兼"的培养策略，即主修一门单科，辅修另一门单科。学生毕业后能独立承担一门学科的教学任务，也能根据需要承担另外一门学科的教学任务。

其次，日常教学以实践技能训练为着力点。拉萨师专"升本"后的课程与教学围绕小学和学前教师必备的知识结构展开，以德行崇高的优先性、学识合格的基础性、技能操作的熟练性进行科学定位。课程设置从学生的学习能力基础出发，课程实施指向实践技能，教学方法重视活动与训练，以技能训练带动知识学习，以小学的学科知识要求为课程内容设置底线，在说课、演课、见习、实习等真实的教学实践场景中培养师范生的基本技能。这里以小学语文教师的培养为例进行说明。就知识内容而言，教学内容设置合格性要求、提高性要求和发展性要求三个层次，掌握小学语文教科书上的内容是基本的合格性要求①，掌握初、高中语文教科书的内容是在合格性要求上的提高性要求，培养方案对学科内容的发展性要求不设顶线。具体学习内容由学生根据自己的学习能力自由选择，学业评价时对提高性要求和发展性要求进行权重加分，鼓励学生以提高性要求和发展性要求激励自己。课程设置中，教学技能训练贯穿于师范生培养的全过程，把教室从单纯的知识传授场所变成师范生技能训练的场所，指导学生边学边教，在"学"中"教"，在"教"中"学"，因"教"而"学"，所学指向所教，把"学"与"教"统一起来。如拼音的学习与拼音的教学能力训练同步，汉字的书写能力与汉字的教学能力训练同步，活学活用，学生在学习知识时是学生，在传授知识时由学生转换为教师。

（三）学校管理定位

拉萨师专"升本"后的学校管理要处理好学校发展与西藏国家安全和社会稳定需要、校园文化建设与民族共同体铸牢、学校组织建设与教学服

---

① 据笔者在拉萨师专的调研，不仅是语文专业存在这种情况，其他专业如数学、英语、体育等学科均存在这种情况。学生文化课基础薄弱，各专业的课程与教学只能从学生的实际基础出发对教学方案进行变通。

务三种关系。

首先，学校的管理要以西藏地区的国家安全和社会稳定为大局。在西藏，高校不仅承担着教学和研究的任务，还承担着维护地区稳定和国家安全的任务。作为一所师范高校，意识形态安全是学校安全工作的重心。在意识形态安全工作中，高等师范教育站在反分裂活动的前沿。学校教育要防止西方反华势力和十四世达赖集团对境内进行渗透和破坏，防止他们与我们党争夺下一代。学校管理要严格遵守教育法规定的"教育活动必须符合国家和社会公共利益"的要求，"国家实行教育与宗教相分离。任何组织和个人不得利用宗教进行妨碍国家教育制度的活动"①。禁止宗教活动进校园，师生不信教，不传播宗教，不参加任何形式的宗教活动。不论何种场合，师生都要自觉不佩带宗教饰品、不将与宗教有关的物件带入校园。

其次，学校管理过程中要将中国共产党的领导、国家意志、公民意识融入日常工作中。根据学校多民族融合的特点开展丰富多彩的社团活动，建设校园文化，在学校党委的领导下，通过共青团、学生会组织的活动凝聚民族精神，铸牢中华民族共同体。

最后，在学校既有管理组织的基础上，建立清晰的适合西藏区情的本科师范院组织架构。在稳定与安全的前提下，明确各部门的职能，避免重复和无效的行政指令，突出各管理部门为教学服务的意识，学校管理由"行政中心"转向"教学中心"，发挥教务处在教学管理中的有效地位，政工、财物、后勤要服务于教学，服务于学生的成长和教师专业发展。

总之，拉萨师专"升本"后的学校管理要从国家立场出发理解边疆地区师范教育的特殊意义。坚持为基础教育学校培养合格师资，通过学校的课程与教学使学生的德行、技能、学识得到全面发展，使他们具有正确的政治方向，愿意扎根基层、建设西藏、服务边疆。

---

① 《中华人民共和国教育法》，http://www.gov.cn/banshi/2005-05/25/content_918.htm。

高等师范教育内涵式援藏的理念、思路与机制[①]

内涵式援藏是基于西藏自治区高等师范学校发展的特殊性提出来的援藏观点，其问题视角从对学校发展外在条件的关注转向对学校发展内涵提升的关注。内涵式援藏的目的是使西藏自治区高等师范教育在发展过程中基于自身实际，借力外在因素，激活学校内在因素。内涵式援藏通过理念融合、制度完善形成受援学校内部可持续发展的动力机制；通过协调鼓励形成援藏工作的外在实施保障机制。高等师范教育内涵式援藏工作以什么为切入点？其工作思路和实施机制怎样？本文就此进行讨论。

一、理念融合：高等师范教育内涵式援藏的切入点

不同于"组团式"的全方位服务，内涵式援藏的本质是理念援藏。理念援藏是根据受援单位的现实基础，将先进的办学理念以"融合"的方式渐进地影响受援单位，通过健全的管理制度、科学的管理方法，帮助受援单位建立主动发展的机制。高等师范教育内涵式援藏既基于西藏自治区特

---

① 此部分内容最初发表于《民族高等教育研究》2022 年第 2 期，有改动。

殊的"区情"，又不局限于"区情"，在"区情"的基础上通过"理念融合"使西藏的高等师范教育得到引领式发展。"理念融合"是高等师范教育内涵式援藏的切入点，其具体内容可以从以下几个方面理解：人才理念融合、专业理念融合、管理理念融合。

（一）人才理念融合

高等师范院校的主要目的是培养合格的人民教师，高等师范院校的人才理念即教师理念。"合格资格"是师范院校人才培养的最低标准。由于我国不同地域的经济文化发展的不均衡性，各地对教师入职的要求有很大差异。内地发达地区基础教育学校的教师入职标准远高于其他欠发达地区的教师入职标准，尤其高于边疆地区基础教育学校的教师入职标准。大多数内地师范高校也因此提出各种形式的"卓越教师"培养计划，以"追求卓越"为教师培养的理念。诚然，师范教育要培养最优秀的教师，但对"卓越"的理解不能狭隘化。"卓越"的标准是有历史条件要求的，教师培养既不能脱离地区经济和社会发展实际追求"卓越"，也不能不思进取地只限于"合格"。"卓越"与"合格"不是对立的，在特殊的条件下二者可以相互转化，教师培养是"卓越"与"合格"的统一，这种统一为教师培养理念的融合提供了逻辑前提。

"学高为师，身正为范"，"师"与"范"相比，从基础教育对学生影响的角度看，"范"比"师"有更深远的影响。对师范生来说，"身正"具有第一位的意义。"学高"是一个相对概念，而不是一个绝对概念。"学高为师"是指对成长中的儿童来说的。基础教育学校的教师要有丰富的学识，但中小学教师不是专门学科知识的研究者和生产者，教师丰富学识的界限是学生在成长过程中可能达到的边界。一位母亲在养育婴儿的过程中，需要有学识，母亲的学识是婴儿生长的知识边界。母亲要处于儿童能力成长的边缘，同样，教师要行走在学生成长的边缘。因此，基础教育学校师范生的培养，要以德行为前提，以学识为根本，"学识"的水平则以儿童的学识发展边界为底线。

基础教育学校教师的专业特点决定了对教师的学术要求不同于其他专业的学术要求。教师专业的特殊性是"师德"的前提性和崇高性，教师的学术性知识只有在师德的前提性和崇高性的条件下才有效。无德或德行存在缺陷都不能成为合格的教师。崇高的师德是教师入职的最低标准。某种意义上说，"合格"更多地指向教师的学术性知识，"卓越"更多地指向教师的德行。

发展西藏自治区的高等师范教育要具有"本土化"的培养理念，"民族院校在遵循我国高等教育基本要求的前提下，主要面向本地生源，根据地方社会、经济发展需求，挖掘、运用本土教育资源以培养具备传承与创新优秀本土文化能力的人"[1]。西藏高等师范院校如果直接照搬内地高等师范院校提出的"卓越"人才理念，会带来许多问题。如学校生源如何保证，毕业生是否愿意扎根西藏，是否愿意在自然条件极端艰苦的高原农牧区生活从教。因此，针对西藏特殊的区情，西藏高等师范教育要有其"本土"教育理念。师范教育要为基础教育培养大量合格、适用、能扎根高原播撒民族精神种子的师范生。他们具有高尚的德行和强烈的家国情怀，掌握基本的学科知识，能将自己的生活、事业融入雪域高原建设，热爱高原，愿意并能够在高原农牧区从事基础教育工作。"靠得住、用得上、下得去、留得住、教得好、能发展"，这是西藏自治区基础教育教师培养需要具备的人才理念，这种理念是基于实际需要提出来的，是"卓越"与"合格"的融合。西藏高等师范教育在人才理念上要以"合格"为切入点，保证每一位毕业的师范生达到法律规定的合格教师职业标准。

（二）专业理念融合

高等师范教育的专业理念主要是通过课程体现出来的。课程目标的设

---

[1] 方银叶、黄胜：《地方民族院校师范专业人才本土化培养的内涵、价值、实践探索》，《民族高等教育研究》2020 年第 6 期。

置、课程内容的组织、课程的实施和评价是专业理念的具体表现。内地高等师范教育已形成与其基础教育发展相适应的成熟的课程体系，师范生的培养已不仅仅限于使基础教育学校的师资学历达标，其师范教育在重视实用技能培养的基础上更重视学术性知识的学习，培养方案更强调学科专业知识的深度和精度。内地经济发达地区的许多学校把教师具备研究生学历作为衡量学校师资水平的一项重要指标，各种"星级"学校评选将研究生学历作为对学校考核的一个硬性指标，博士研究生竞聘中小学教师岗位已不是罕见的事情。① 西藏自治区基础教育学校的师资学历水平与内地基础教育学校的师资学历水平相比存在较大差距。这种差距使内地高等师范教育的专业理念不适应西藏高等师范院校的专业发展要求。在发展西藏高等师范教育时，不能简单地移植内地高等师范院校的专业发展理念。内地高等师范院校的专业理念如何与西藏高等师范院校的专业发展结合起来，形成专业理念融合，是高等师范教育援藏工作需要考虑的问题。高等师范院校专业理念融合需要从以下几个方面思考。

第一，必须认识到西藏自治区发展高等师范教育的迫切性。"高原民族地区教师长期面临综合素质低、结构不合理、优秀教师流失严重等问题。"② 西藏需要大量能在广大高原地区长期工作和生活的教师，一般情况下内地招聘或引进来的教师很难适应高原深处农牧区的自然环境和生活习惯，难以长期在高原农牧区从事基础教育学校的教学工作。而从西藏本地青年中选拔、培养教师则是一种能满足西藏自治区基础教育学校发展实际需要的教师选拔策略。

第二，在西藏自治区，基础教育学校的师资学历和专业比例达标是需要迫切实现的目标。目前专科层次的师范教育在西藏还有保留的必要，这有助于解决基础教育学校学历达标的问题。西藏自治区开设师范专业的高

---

① 《博士应聘中学教师，不是人才浪费而是人才到位》，https://www.chinanews.com/gn/2021/10-14/9585840.shtml。

② 叶丽、张春海：《高原教育：内涵、维度、功能定位》，《民族高等教育研究》2021 年第 1 期。

校有西藏大学、西藏民族大学和拉萨师范高等专科学校（后文简称"拉萨师专"）。前两所学校设置有学前教育专业，但都没有设置小学教育专业，它们都以培养本科学历的学前和中学师资为主，拉萨师专则以培养专科学历的学前和小学教师为主。以 2020 年为例，西藏大学和西藏民族大学全日制各类本科师范专业（不含专升本）招生人数分别是 652 人和 620 人，拉萨师专招收专科生 1200 人①。本科生和专科生人数比为 1∶1。拉萨师专"升本"之后，学前和小学教育师范生的学历层次将在达标的基础上逐步提高。

第三，西藏高等师范教育要形成基于其生源特征的课程与教学。高等师范院校的课程与教学要适应其学生的基础，根据学生的基础和基础教育学校的需要组织教学内容、评价学习结果。生源问题是一个复杂的问题，不能简单地只从学业基础的角度考虑问题，还要考虑到生源的地域、文化及其在地方建设、国防安全中的作用等因素，教育的主要目的是要培养能扎根高原、建设边疆、守卫边疆的合格公民。西藏作为祖国的边疆地区，地域自然条件、经济、政治、文化都有其特殊性，这些特殊性决定了其教育发展的特殊性，不能简单地拿内地师范院校的课程与教学比照西藏师范院校的课程与教学。发展西藏高等师范教育是为了发展西藏的基础教育。西藏高等师范院校的课程教学要适应西藏本地区学生的文化课基础。

（三）管理理念融合

边疆的稳定安全与国家的稳定安全具有紧密联系。边疆地区高等师范院校的管理要从属于边疆稳定安全的大局。内地高校先进的管理理念对边疆地区高校管理产生影响，要从边疆高校的发展实际出发，将理念的核心融入日常的工作中，不能简单机械地照搬制度。内地高等师范院校在管理

---

① 《教育部阳光高考信息公开平台》，https://gaokao.chsi.com.cn/xxgk/。

过程中，虽然倡导教授治校，但管理工作是以教学为中心的，许多具体管理业务由专职行政人员完成。虽然存在"双肩挑型"教师，但大多数教师的核心工作是教学科研。这种情况与边疆地区的高校管理有很大差异。据笔者在拉萨师专的调查，多数能力较强的教师都会兼职一个甚至多个行政职务。每年新招聘的优秀高校毕业生，往往先被安排在行政部门工作或兼职。这些教师的教学科研工作受到行政兼职的影响。高等师范院校管理工作在"稳定安全"的前提下如何提高效率，既保证完成"稳定安全"的政治任务，又在最大程度上实现以教学科研为中心？这是管理理念融合的焦点。管理理念融合可以从以下两个方面考虑。

第一，学校管理者首先要有正确的政治方向、明确的国家安全意识和边疆地区基础教育发展的底线意识；其次要遵循高等师范教育的发展规律，保证学校内部管理以教学科研为中心，以学生全面发展为目标。形成"政治方向引领、安全任务常抓、教学科研为中心"的学校管理模式，建立基于西藏区情的高等师范学校管理系统。

第二，管理理念渗透于管理制度和管理方法中。内地高等师范院校的管理制度与方法对西藏高等师范院校影响的直接途径是援藏教师对学校管理工作的建议或对学校管理工作的直接参与。援藏教师在提出管理建议或参与管理过程中要从受援学校的实际考虑问题，将自己置于受援学校的实际情境中分析问题，从受援学校的实际出发，提出工作参考建议或问题解决对策。同时要重视制度实施的可行性和适合性，在平稳渐进中对受援学校产生影响，促进受援学校科学管理机制的形成。

二、智力支持：高等师范教育内涵式援藏的工作思路

内涵式援藏工作的出发点不是以物质条件支持为主，而是以智力资源支持为主。办学的硬件条件只是高等师范教育质量的物质基础，但有了硬

件并不能保证师范教育的高质量发展。在办学的最基本物质条件达标以后，影响课程与教学问题的就是教育中的人的问题，即师资和生源。由于西藏自然条件的封闭性，其生源以西藏本地生源为主。学校的生源条件在短时间内不会发生大的变化。办学质量的影响因素主要是教师的教学理念和教学能力。高等师范教育内涵式援藏不是全方位服务，它关注的是学校的办学理念、专业设置、课程建设、教学科研管理、质量评价等问题。内涵式援藏将问题聚焦于学校的内部质量提升。总体上看，高等师范教育内涵式援藏的智力支持需要遵循以下工作思路：政治引领，明确方向；政策保证，计划实施；外力触动，内涵发展。

（一）政治引领，明确方向

援藏工作是一项政治任务，需要有正确的政治方向。高等师范教育内涵式援藏的政治引领可以从援藏工作的性质和高等师范教育的特点两个层面分析。

首先，援藏工作本身就是对党的方针和国家政策的有力执行。习近平总书记指出，开展东西部协作和定点帮扶，是党中央着眼推动区域协调发展、促进共同富裕作出的重大决策。[①] 建设边疆、发展边疆关系到国家安全与稳定。大力发展西藏自治区高等师范教育，扩大自治区内部师范教育的规模，提升师范教育的学历层次，提高师范专业毕业生的质量，对西藏的发展具有重要意义。高等师范教育内涵式援藏工作是党中央东西协作、定点帮扶政策的具体实施。这是一项光荣而艰巨的政治任务，这项工作需要得到内地省级以上教育行政部门和各对口支援高校的重视。省级教育行政主管部门和各高校要从国家稳定和安全的战略角度考虑问题，形成均衡发展、共同富裕的教育责任担当。

---

① 《习近平对深化东西部协作和定点帮扶工作作出重要指示强调　适应形势任务变化　弘扬脱贫攻坚精神　加快推进农业农村现代化　全面推进乡村振兴》，《人民日报》2021 年 4 月 9 日。

其次，西藏高等师范教育的发展必须具有坚定的政治方向。立德树人，培养社会主义建设者和接班人需要通过高等师范教育得到具体执行，以实现民族文化融合，以民族精神为凝聚力，铸牢中华民族共同体。高校应认真执行西藏自治区政府制定的师范院校招生政策，努力让每一位进入师范院校学习的学生具有优良的品德、掌握合格教师必须具备的基本技能。学校要重视每一位师范生的价值，把他们培养成为播撒民族精神种子的人。他们毕业后，多数会回到他们生长的地方，回到雪域高原深处的农牧区。即使不是从事教师职业，作为一名普通的家乡建设者，他们也将会把在师范院校学到的知识、养成的精神通过他们的家庭、社区在雪域高原上传播。他们既是家乡的建设者，也是边疆的建设者、保卫者和中华民族共同体的捍卫者。

（二）政策保证，计划实施

基础教育的援藏工作有中央政府的文件支持，如 2015 年 12 月，教育部会同国家发展和改革委员会、财政部等部门印发了《"组团式"教育人才援藏工作实施方案》，2017 年 12 月教育部等部委印发了《援藏援疆万名教师支教计划实施方案》，而高等师范教育援藏缺少明确的文件支持。高等师范教育援藏工作需要有时间上的持续性，教育部及内地省级以上教育主管部门对口援藏工作要有相关政策作保证。拉萨师范高等专科学校是西藏自治区唯一一所高等师范院校，这所学校由原来的拉萨师范学校升格而成。"全区小学幼儿师资的 52.74％由拉萨师范培养，50.14％的小学幼儿园中层以上干部由拉萨师范培养。"① 在学校的发展过程中，曾经由教育部牵头，南京师范大学、苏州大学、东北师范大学、首都师范大学选派优秀教师以支教的形式帮助学校管理和教学工作。但由于没有明确的教育部政策支持，各高校在选派教师时缺少计划性和连续性，援藏工作时断时

---

① 《拉萨师范高等专科学校简介》，http://www.xzlssf.org/。

续，支教人员的安排存在一定程度的偶然性。目前，为了适应西藏自治区基础教育发展的需要，拉萨师专正在进行"升本"建设工作。"升本"工作及"升本"后的管理、教学、科研需要得到外部力量的有计划的、持续的支持。中央和省级对口援建的教育主管部门以及各对口援建高校需要从东西协作均衡发展的角度制定相关政策，支持西藏高等师范教育的发展。

（三）外力触动，内涵发展

高等师范教育内涵式援藏不同于经济援藏，经济援藏主要依靠外部资金的注入，如国家财政拨款、财政转移支付，内涵式教育援藏是在学校的基础设施建设基本完善后对学校的管理、教学、科研等方面进行的智力援助。外部力量发动、引领学校的管理、教学和科研，外来的智力资源只是学校发展的辅助力量，起着学校发展智库的作用。外来力量通过帮助学校形成发展的机制，从学校内部生成长远的发展动力。这种内生动力的作用，在外来力量结束援助后会发展成为理念动力和制度性动力。例如，对教学的援助，内地选派的优秀教师在受援学校所做的工作不只是去上好每一节课，而是要去做示范，让受援学校的教师通过对示范课的观摩，学习优秀的教学经验，形成正确的教学观，掌握科学的教学方法。从这个意义上说，支教老师的主要责任不是去填补学校教师岗位的空缺，而是指导受援院校教师的教学和科研，在受援院校既有教师队伍的基础上培养更多的优秀教师。

总之，内涵发展要求受援学校的管理者有明确的目标意识、问题意识，以目标为行动导向，以问题解决为工作抓手，通过理念融合、制度创新，积极主动地促进学校内生式发展。

三、协调鼓励：高等师范教育内涵式援藏的实施保障机制

"东西协作，定点帮扶"是国家发展的宏观战略，这一战略的实施需

要直接具体的政策支持。因此，如何建立这一战略的实施机制，协调内地省级教育主管部门及其下属各高校与西藏受援高校之间的关系是很迫切的问题。高等师范教育内涵式援藏的实施要加强援助单位与受援单位的积极协作，增强援藏工作的计划性，建立有效的援藏实施保障机制。援藏实施保障机制有以下三个方面的内容：导向机制、协调机制、鼓励机制。

（一）导向机制

内涵式援藏工作的实施有两个基本出发点，一是"协作"，一是"帮扶"。"协作"决定了援藏单位与受援单位的关系是平等的合作关系，是在国家层面进行的资源合理分配；"帮扶"决定了援藏单位与受援单位是两个不同合作主体。援藏要基于受援单位的需要，在进行援藏行动之前通过调研弄清受援单位需要什么，援人之所需，助人之所困，有针对性地给受援单位以帮助。过去在对口援藏工作中曾经发生的援助单位赠送的仪器、教具等设备到了受援单位后被闲置的现象，问题不只在于受援单位，援助单位的援助目的、援助方式、援助仪器的适用性以及双方的沟通都存在问题。因此，受援单位要明白自己学校发展过程中所面临的问题，自己需要什么，列出问题清单，提出受援项目目录。受援单位如果不知道自己需要什么，没有和对口援助单位进行积极的沟通，就会产生援助无针对性的问题。如果受援单位具有发展的主动性，对口援藏单位也明确自己可以在哪些项目上展开援藏工作，"协作"和"帮扶"就成为主体平等的协调。总之，内涵式援藏以受援学校的需要为导向，根据受援学校的实际情况，由受援学校与援助单位共同制定援助计划。

导向机制包括现状调研、问题分析、发展规划、拟定援助项目清单等。现状调研由受援单位和援藏单位对学校的发展情况进行调查分析，根据调查的数据厘清受援高校在发展过程中存在的关键问题，明确学校在专业设置、课程建设、教学科研管理等方面的发展需要，受援学校根据自己学校发展需要提出受援的专业、岗位、人数计划、援藏时间等，并将此计划发给省级对口援藏单位。省级对口援藏单位根据西藏地区受援单位的需要确定援助清单，并将清单下达给各对口援助高校，援助高校再根据自身的实际情况确定援助岗位，选派援藏教师。在导向机制实施过程中，受援学校要有明确的主体意识，以自身需要为思考问题的出发点。解决学校发展过程中存在的问题，促进学校的发展，提升教学质量，提高科研水平是在确定受援清单时要考虑的几个关键问题。

建立援藏教师研究课题资助项目是积极有效的导向机制。支教教师在调研的基础上与受援学校沟通，确定支教专业和研究课题，根据受援学校的实际情况，带着课题支教。这样既能帮助解决受援学校需要解决的实际问题，又能给支教者的学术研究提供实践的条件。从支教教师的角度看，既是一种支教行为，又是一项学术研究。

（二）协调机制

建立协调机制是内涵式援藏工作有计划并持续实施的重要条件。从管理层面打通受援单位和对口援助单位的交往渠道，就教学、科研、管理等进行多个层面、多种形式的交流活动。

内涵式援藏协调机制分为三个层面。第一个层面是教育部所代表的国家层面，教育部通过资源分配和政策导向引导直属高校开展积极的教育援藏工作。同时还要协调内地发达地区省级教育主管部门组织教育援藏工作。第二个层面是省市教育主管部门建立常态的协作机制，受援高校通过拉萨市或西藏自治区教育主管部门与内地省级教育主管部门协调，实现对口定点帮扶。第三个层面是建立受援高校与内地对口援藏高校之间的协调机制。

建立积极有效的协调机制，通过有针对性地教育援藏工作促进西藏高等师范院校的建设发展。拉萨师专的"升本"建设工作是近年援藏工作的重点。但对拉萨师专的支援工作是由几所高校分散进行的，缺少计划性和协同性。针对这种情况，建立积极有效的协调机制非常必要。

（三）鼓励机制

鼓励机制主要从援藏教师的待遇上调动援藏教师的积极性，让更多更优秀的教师加入援藏队伍，投身到边疆教育工作中去。

西藏地处高原，自然环境特殊，对于长期在内地生活的人来说，生活条件艰苦，存在着身体和心理适应的挑战。另外，对援藏老师个人的家庭生活问题也是一个很大的挑战。这些困难和挑战如果只以道德责任的标准进行强迫性要求，容易导致援藏工作缺失情感认同，使一般教师去西藏支教的积极性降低。因此，援藏教师选派工作的开展要以宣传、倡导、鼓励或奖励的方式进行，教育主管部门和各援藏高校既从国家需要、政治责任、道德情怀的高度进行引导，又要切实帮助解决援藏教师的实际困难。受援高校要和对口支援高校积极沟通，增进了解。另外，援藏教师先进事迹的积极宣传对援藏工作的开展也具有积极的促进作用。

援藏单位在选拔援藏人员时首先在单位动员鼓励，考核选拔优秀教师承担援藏任务，对承担援藏支教任务的教师在医疗保健等方面提供方便，在考核、聘任过程中给予优先考虑，也可以根据本单位的实际情况给予援藏支教人员一定的高原生活补助。西藏自治区教育厅、人社厅根据中央政策制定了《西藏自治区高等学校教师系列职称评审办法（试行）》，对援藏人员申报高校教师职称的条件进行了具体规定。这项规定对援藏高校教师具有一定的鼓励作用，会有更多优秀内地高校教师申请加入援藏工作。

西藏自治区小学教育（语文）人才需求调查报告①

为了落实"产出导向"的专业认证理念，扎实做好"反向设计、正向施工"，使本专业更好地对接西藏基础教育人才需求，确定合理的培养目标和毕业要求，切实提高用人单位的满意度，拉萨师专语文和社会科学系对西藏自治区小学语文教育人才需求进行了调查。

一、调查样本的选择

根据西藏实际情况，在拉萨、山南、日喀则、那曲、昌都、林芝六个地市采用县分层抽样和学校随机抽样相结合的方法，根据 2020 年经济发展水平及人均 GDP、教育、文化、政治等标准，综合评价，将每个市的县分成优、良、中 3 个层次，在每个层次抽取 1 个县，同样的方法对每个县的小学和幼儿园抽取 3 个学校，2 次分层抽样共选取 54 所小学各发放问卷 5 份、访谈 3 份，共发放 290 份问卷、访谈 162 份。

因西藏地处边疆地区，且在青藏高原，共有 22 个边境县，有 29 个县

---

① 本文由德吉央宗、吴亮奎在实地调查数据的基础上合作完成。

海拔在 4000 米以上。为提高数据的完整性、有效性和针对性，需要对这些县进行调查，但由于人力、物力、气候条件、调查时间等因素的限制，采取了线上网络调查，作为对线下调查的补充。通过网络共发放问卷 207 份，收回有效问卷 201 份。

二、调查结果分析

（一）问卷信度分析

可靠性统计		
克隆巴赫 Alpha	基于标准化项的克隆巴赫 Alpha	项数
.777	.901	81

克隆巴赫 Alpha 为 .777，基于标准化项的克隆巴赫 Alpha 为 .901，说明该问卷的可信程度很高。

以下是对问卷各个题目的信度分析，可供参考。

项总计统计					
	删除项后的标度平均值	删除项后的标度方差	修正后的项与总计相关性	平方多重相关性	删除项后的克隆巴赫 Alpha
第 1 题职称	89.63	191.181	-.232	.	.788
第 2 题职务	90.37	185.709	.009	.	.778
第 3 题毕业专业	87.59	187.378	-.173	.	.885
主教学科	86.20	184.128	-.013	.	.789
兼任学科	84.46	175.310	.195	.	.777
第 5 题学历要求	90.48	187.349	-.112	.	.780
第 6 题师德 1 立德树人	90.67	181.396	.430	.	.772
第 6 题师德 2 四有	90.59	179.076	.576	.	.769

续表

	删除项后的标度平均值	删除项后的标度方差	修正后的项与总计相关性	平方多重相关性	删除项后的克隆巴赫 Alpha
	项总计统计				
第6题师德3职业道德规范	90.67	180.302	.535	.	.771
第6题师德4民族团结	90.72	181.601	.479	.	.772
第7题情怀1志愿	90.61	179.676	.538	.	.770
第7题情怀2人文底蕴和科学精神	90.50	177.575	.595	.	.768
第7题情怀3关爱、尊重、信任	90.63	178.313	.562	.	.768
第7题情怀4心态健康	90.65	180.534	.442	.	.771
第8题学科素养1人文和科学	90.41	178.812	.486	.	.769
第8题学科素养2小学语文	90.46	175.234	.706	.	.765
第8题学科素养3小学语文或藏文	90.28	175.903	.489	.	.767
第8题学科素养4小学语文与其他	90.31	175.956	.577	.	.766
第9题教学技能1	90.50	176.745	.657	.	.766
第9题教学能力2师范技能	90.44	177.535	.583	.	.768
第10题班级指导1德育为先	90.48	177.688	.628	.	.767
第10题班级指导2初步组织和指导能力	90.39	175.978	.686	.	.765
第10题班级指导3教师指导	90.52	178.481	.535	.	.769
第11题综合育人1	90.43	176.400	.619	.	.766
第11题综合育人2	90.48	176.519	.623	.	.766
第11题综合育人3	90.46	178.555	.513	.	.769
第12题学会反思1	90.35	174.685	.653	.	.764

续表

项总计统计				
	删除项后的标度平均值	删除项后的标度方差	修正后的项与总计相关性	平方多重相关性	删除项后的克隆巴赫 Alpha
第 12 题学会反思 2	90.43	176.098	.639	.	.766
第 13 题沟通合作 1	90.52	177.047	.598	.	.767
第 13 题沟通合作 2	90.48	175.990	.659	.	.766
第 14 题 A 对教师职业的理解和认同	91.41	188.623	-.202	.	.782
第 14 题 B	91.48	183.802	.155	.	.776
第 14 题 C	91.52	183.688	.169	.	.775
第 14 题 D	91.61	185.336	.048	.	.777
第 15 题 A	91.59	186.774	-.073	.	.779
第 15 题 B	91.63	185.143	.068	.	.777
第 15 题 C	91.39	184.469	.100	.	.777
第 15 题 D	91.56	187.535	-.131	.	.780
第 16 题 A	91.44	183.836	.149	.	.776
第 16 题 B	91.54	186.216	-.027	.	.779
第 16 题 C	91.76	184.941	.134	.	.776
第 16 题 D	91.57	183.608	.186	.	.775
第 16 题 E	91.63	184.124	.157	.	.776
第 16 题 F	91.63	189.068	-.273	.	.782
第 16 题 G	91.76	187.394	-.173	.	.779
第 16 题 H	91.72	185.714	.028	.	.777
第 16 题 I	91.78	186.252	-.032	.	.778
第 16 题 J	91.69	186.144	-.019	.	.778
第 17 题 @ 思想政治素养	90.80	184.543	.238	.	.776
第 17 题 @ 职业道德	90.80	184.543	.238	.	.776
第 17 题 @ 心理健康	90.65	185.213	.064	.	.777
第 17 题 @ 教育理想信念	90.74	183.328	.310	.	.774

项总计统计				
	删除项后的标度平均值	删除项后的标度方差	修正后的项与总计相关性	平方多重相关性	删除项后的克隆巴赫 Alpha
第 17 题 @ 教育情感	90.65	182.270	.333	.	.773
第 17 题 @ 专业素养	90.76	183.281	.344	.	.774
第 17 题 @ 人文素养	90.63	179.521	.569	.	.770
第 17 题 @ 科学精神	90.52	179.009	.461	.	.770
第 17 题 @ 信息素养	90.57	181.155	.389	.	.772
第 17 题 @ 学情分析	90.70	181.797	.375	.	.773
第 17 题 @ 教学设计	90.63	181.143	.422	.	.772
第 17 题 @ 教学实施	90.70	181.986	.411	.	.773
第 17 题 @ 教学评价	90.52	181.198	.310	.	.773
第 17 题 @ 课程理解	90.69	180.484	.431	.	.771
第 17 题 @ 课程开发	90.63	182.804	.224	.	.774
第 17 题 @ 班级管理	90.72	181.563	.415	.	.772
第 17 题 @ 综合育人	90.72	182.733	.354	.	.774
第 17 题 @ 自主学习	90.59	180.925	.379	.	.772
第 17 题 @ 反思研究	90.76	183.318	.339	.	.774
第 17 题 @ 沟通交流	90.69	182.107	.333	.	.773
第 17 题 @ 协同合作	90.63	180.162	.511	.	.771
第 17 题 @ 创新	90.52	180.519	.357	.	.772
第 18 题 A 数学	91.61	184.808	.093	.	.777
第 18 题 B 藏语文	91.72	184.204	.192	.	.775
第 18 题 C 英语	91.65	184.346	.143		.776
第 18 题 D 科学	91.44	184.516	.099	.	.777
第 18 题 E 道德与法治	91.20	184.618	.095	.	.777
第 18 题 F 信息技术	91.67	183.774	.204	.	.775
第 18 题 G 音乐	91.48	184.745	.084	.	.777
第 18 题 H 体育	91.76	185.620	.048	.	.777
第 18 题 I 美术	91.48	186.141	-.022	.	.779
第 19 题"一专一兼"的合理性	89.91	177.784	.268	.	.772
第 20 题毕业 5 年后胜任工作认同度	90.19	180.456	.224	.	.774

（二）样本对象基本情况分析

本次调查共发放线上、线下问卷 497 份，收回有效问卷 491 份，参与问卷调查的对象包括学校领导、教务主任、学科教研组长、骨干教师、普通教师等，从样本对象职称结构看包括初级职称 190 人，占样本总人数的 38.7%，中级职称 157 人，占样本总人数的 31.98%，高级职称 73 人，占样本总人数的 14.87%，无职称 71 人，占样本总人数的 14.45%，从样本职称分布上看基本做到了全覆盖。其中担任管理工作 298 人，占样本总人数的 61%，不担任管理工作 193 人，占样本总人数的 39%。由此看出抽样对象的数据做到了学校管理层和一线教师的合理分布。

第 3 题"您毕业的专业"的选项中选择汉语言文学或语文教育的有 243 人，占样本总人数的 49.5%。选项排在第二和第三位的分别为其他专业 89 人，英语专业 30 人，根据访谈得出选择其他专业的教师大多数为非师资专业的教师。问卷第 4 题从兼课情况的选项中看选择语文为主教学科的有 293 人，占样本总人数的 59.67%，其中线下样本有 251 人，占线下样本总人数的 86.55%，线上样本 42 人，占线上样本总人数的 20.9%，由此可见，在高海拔及偏远地区因为师资力量相对薄弱等原因主教科目存在一定的不确定性。从线下样本数据来看，在兼教学科中占比最多的三门课程为英语、道德与法治、科学，兼任这三门课程的教师为 100 人，占样本总人数的 34.48%，未选兼任科目的有 106 人，占样本总人数的 36.43%。以上数据得出的结论为语文教师中近一半的教师能够满足专业对口的需求，从兼课情况看线下样本中有 63.4% 的老师在主教语文课程的同时至少兼任一门其他课程，这论证了本专业人才培养中"一专一兼"的定位的合理性。同时也对如何选择兼任科目提出了新的思考。

问卷第 5 题在对师资需求问题的选项中除了 9 人之外都选了"有需求"，在对学历的需求选项中，有 157 人选了大学本科及以上，占样本总人数的 32%，其余选择了大学专科及以上。访谈数据显示六地市小学语文教师缺口约为71名，学历要求均为专科及以上。由此可见，在师资学历需求方面，已经不单单满足于专科生了，在访谈中很多老师也提出了学历越高越好的看法。由此得出结论，本专业在培养人才方面更注重质量的提升，只有尽快升本才能满足基础教育对本专业人才需求的发展态势。

（三）用人单位对本专业毕业生师德规范、教育情怀、学科素养、教学能力、班级指导能力、综合育人、学会反思、沟通合作八个方面的预期分析

1. 用人单位对于本专业毕业生在师德规范方面的预期分析

线下问卷第6题描述统计量

	N	极大值	极小值	均值	标准差
6.1	282	5	1	4.73	0.527
6.2	282	3	1	4.72	0.489
6.3	282	3	1	4.76	0.461
6.4	282	3	1	4.82	0.429
第6题总分	282	20	12	19.0213	1.6787

线下问卷第6题各题得分频率表

		非常符合	比较符合	一般	不太符合	完全不符合
6.1	频率	213	63	5	0	1
	百分比	75.3	22.3	1.8	0	0.4
6.2	频率	207	70	5	0	0
	百分比	73.1	24.7	1.8	0	0
6.3	频率	218	60	4	0	0
	百分比	77.0	21.2	1.4	0	0
6.4	频率	236	41	5	0	0
	百分比	83.4	14.5	1.8	0	0

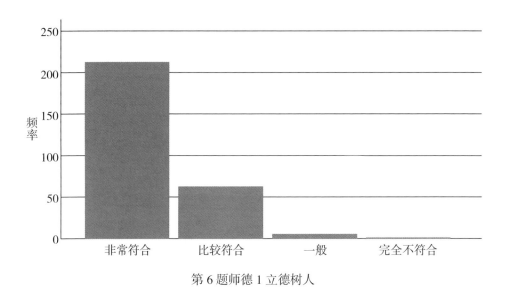

第 6 题师德 1 立德树人

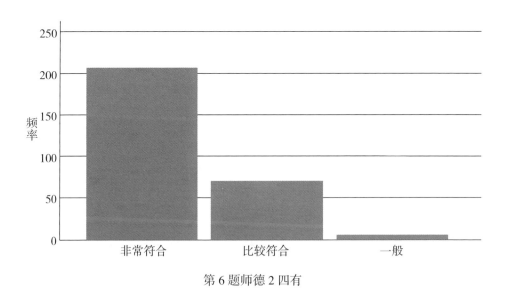

第 6 题师德 2 四有

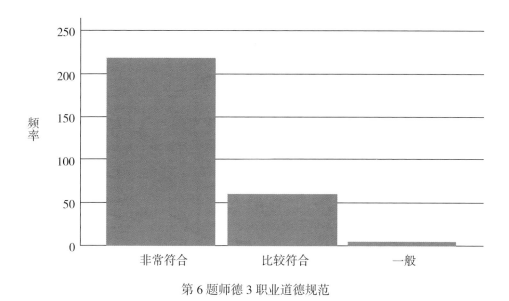

第 6 题师德 3 职业道德规范

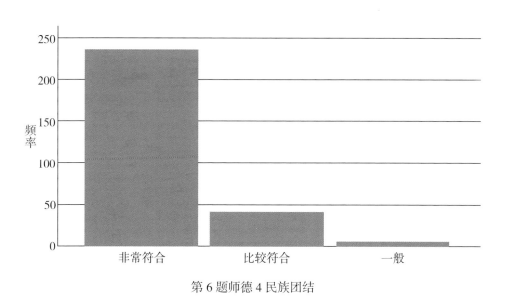

第 6 题师德 4 民族团结

线下问卷统计

		师德1	师德2	师德3	师德4			
个案数	有效	282	282	282	282			
	缺失	1	1	1	1			
总和		359	362	350	333			

题目/选项	非常符合	比较符合	一般	不太符合	完全不符合
以立德树人为己任，贯彻党的教育方针，思想政治信念坚定，进行社会主义核心价值观建设	146（72.64%）	53（26.37%）	17（8.46%）	2（1%）	3（1.49%）
立志成为"四有"好老师意愿	149（74.13%）	51（25.37%）	11（5.47%）	3（1.49%）	4（1.99%）
遵守职业道德规范，具有依法执教意识	146（72.64%）	56（27.86%）	9（4.48%）	3（1.49%）	4（1.99%）
民族团结，筑牢中华民族共同体意识，做神圣国土的守护者、幸福家园的建设者	152（75.62%）	50（24.88%）	10（4.98%）	2（1%）	4（1.99%）

从线上、线下问卷数据分析来看，在第6题中共有四个方面来说明师德规范的预期，每个方面都有非常符合、比较符合、一般、不太符合、完全不符合5个选项，从整体来看，对于语文专业毕业生在师德规范方面的预期中，民族团结的预期最高。

线下问卷第6题师德 * 第1题职称交叉表

			第1题职称				
			初级	中级	高级	无职称	总计
第6题师德a	非常符合	计数	262	325	179	108	874
	比较符合	计数	80	91	48	15	234
	一般	计数	6	4	8	1	19
	完全不符合	计数	0	0	1	0	1
总计		计数	87	105	59	31	282

百分比和总计基于响应者。

在线下数据中，第六题选择非常符合的 874 个中，初级职称选择非常符合的有 262 个，中级有 325 个，高级有 179 个，无职称的有 108 个。其他同理（不同职称的教师在不同层面的预期是否有显著性差异，如果有，可以根据教师职称分层来设计课程）。

2. 用人单位对于本专业学生教育情怀方面的预期分析

线下问卷第 7 题描述统计量

	N	极大值	极小值	均值	标准差
7.1	282	5	1	4.70	0.559
7.2	282	5	3	4.66	0.532
7.3	282	5	3	4.77	0.470
7.4	282	5	2	4.74	0.514
第 7 题总分	282	20	12	18.8617	1.7473

线下问卷第 7 题各题得分频率表

		非常符合	比较符合	一般	不太符合	完全不符合
7.1	频率	207	66	8	0	1
	百分比(%)	73.1	23.3	2.8	0	0.4
7.2	频率	193	81	8	0	0
	百分比(%)	68.2	28.6	2.8	0	0
7.3	频率	223	53	6	0	0
	百分比(%)	78.8	18.7	2.1	0	0
7.4	频率	218	56	7	0	1
	百分比(%)	77.0	19.8	2.5	0	0.4

线下问卷统计

		情怀 1	情怀 2	情怀 3	情怀 4
个案数	有效	282	282	282	282
	缺失	1	1	1	1
总和		368	379	347	355

线上问卷统计

题目／选项	非常符合	比较符合	一般	不太符合	完全不符合
认同并热爱教师职业，志愿为西藏基础教育服务	138（68.66%）	58（28.86%）	15（7.46%）	1（0.5%）	2（1%）
具有人文底蕴和科学精神	128（63.68%）	67（33.33%）	15（7.46%）	1（0.5%）	2（1%）
关爱、尊重和信任小学生	145（72.14%）	55（27.36%）	10（4.98%）	1（0.5%）	3（1.49%）
心态健康，乐观积极	142（70.65%）	57（28.36%）	11（5.47%）	1（0.5%）	2（1%）

由以上线上、线下问卷数据得出，对于语文专业毕业生在教育情怀方面的预期当中，关爱、尊重和信任小学生的预期最高。

3. 用人单位对于本专业毕业生在学科素养方面的预期分析

线下问卷第 8 题描述统计量

	N	极大值	极小值	均值	标准差
8.1	282	5	1	4.59	0.610
8.2	282	5	2	4.61	0.569
8.3	282	5	1	4.40	0.777
8.4	282	5	2	4.48	0.660
第 8 题总分	282	20	10	18.0709	2.2053

线下问卷第 8 题各题得分频率表

		非常符合	比较符合	一般	不太符合	完全不符合
8.1	频率	179	92	9	1	1
	百分比（%）	63.3	32.5	3.2	0.4	0.4
8.2	频率	183	89	9	1	0
	百分比（%）	64.7	31.4	3.2	0.4	0
8.3	频率	152	100	24	3	3
	百分比（%）	53.7	35.3	8.5	1.1	1.1
8.4	频率	158	102	20	2	1
	百分比（%）	77.0	19.8	2.5	0	0.4

线下问卷统计

		学科素养 1	学科素养 2	学科素养 3	学科素养 4
个案数	有效	282	282	282	282
	缺失	1	1	1	1
总和		399	392	451	430

线上问卷统计

题目 / 选项	非常符合	比较符合	一般	不太符合	完全不符合
具有一定的人文素养与科学素养	130（64.68%）	66（32.84%）	12（5.97%）	2（1%）	2（1%）
掌握小学语文学科的基本知识、基本原理和基本教学技能，理解小学语文学科知识体系、基本思想和方法	126（62.69%）	70（34.83%）	14（6.97%）	1（0.5%）	2（1%）
了解小学英语或小学藏文的基本理论和基本知识、基本原理以及基本教学技能	122（60.7%）	69（34.33%）	17（8.46%）	2（1%）	2（1%）
了解语文学科与其他学科的联系，及与社会实践、小学生生活实践的联系	123（61.19%）	70（34.83%）	14（6.97%）	1（0.5%）	2（1%）

由以上数据可知，对于语文专业毕业生在学科素养方面的预期中，掌握小学语文学科的基本知识和技能，理解小学语文学科的知识体系、思想和方法与具有一定的人文精神与科学素养两个方面的预期最高。因此在师范生培养过程中，不仅要重视学科知识的传授，也要开设与学科发展相关的课程以及素质拓展类的课程。

4.用人单位对于本专业毕业生在教学能力方面的预期分析

线下问卷第9题描述统计量

	N	极大值	极小值	均值	标准差
9.1	282	5	3	4.59	0.573
9.2	282	5	1	4.53	0.621
第9题总分	282	10	6	9.1241	1.0848

线下问卷第9题各题得分频率表

		非常符合	比较符合	一般	不太符合	完全不符合
9.1	频率	179	91	12	0	0
	百分比(%)	63.3	32.2	4.2	0	0
9.2	频率	166	102	13	0	1
	百分比(%)	58.7	36.0	4.6	0	0.4

线下问卷统计

		教学1	教学2
个案数	有效	282	282
	缺失	1	1
总和		397	414

线上问卷统计

题目/选项	非常符合	比较符合	一般	不太符合	完全不符合
了解小学生身心发展和认知特点，能够依据课标，运用学科教学知识	129（64.18%）	68（33.83%）	10（4.98%）	1（0.5%）	3（1.49%）
进行教学设计、实施和评价，具备小学语文教学基本技能	129（64.18%）	70（34.83%）	9（4.48%）	1（0.5%）	2（1%）

题目／选项	非常符合	比较符合	一般	不太符合	完全不符合
具备师范生教师口语、汉字书写、课件制作、课堂教学、说课评课与教学反思等小学语文教学基本技能	128（63.68%）	69（34.33%）	15（7.46%）	1（0.5%）	2（1%）

由以上表格可知，对于语文专业毕业生在教学能力方面的预期中，了解小学生身心发展和认知特点，能够依据课标，运用学科教学知识，进行教学设计、实施和评价，具备小学语文教学基本技能预期最高。所以对于师范生的培养当中要注重对于师范生语文教学基本技能的提高。

5. 用人单位对于本专业毕业生在班级指导方面的预期分析

线下问卷第 10 题描述统计量

	N	极大值	极小值	均值	标准差
10.1	282	5	1	4.61	0.621
10.2	282	5	2	4.51	0.581
10.3	282	5	2	4.63	0.604
第 10 题总分	282	15	7	13.7553	1.5830

线下问卷第 10 题各题得分频率表

		非常符合	比较符合	一般	不太符合	完全不符合
10.1	频率	183	92	5	1	1
	百分比(%)	64.7	32.5	1.8	0.4	0.4
10.2	频率	160	108	13	1	0
	百分比(%)	56.5	38.2	4.6	0.4	0
10.3	频率	188	84	9	1	0
	百分比(%)	66.4	29.7	3.2	0.4	0

线下问卷统计

		班级指导 1	班级指导 2	班级指导 3
个案数	有效	282	282	282
	缺失	1	1	1
总和		391	419	387

线上问卷统计

题目/选项	非常符合	比较符合	一般	不太符合	完全不符合
树立德育为先的理念，掌握班级组织与建设的工作规律和基本方法	128（63.68%）	66（32.84%）	15（7.46%）	2（1%）	2（1%）
初步具备组织与指导德育活动的能力	125（62.19%）	67（33.33%）	16（7.96%）	1（0.5%）	3（1.49%）
能够在教师的指导下，组织班级活动、实施班级管理与教学等常规班级工作，并获得积极体验	129（64.18%）	66（32.84%）	16（7.96%）	2（1%）	3（1.49%）

由以上数据统计可知，对于语文专业毕业生在班级指导方面的预期中，组织班级活动、实施班级管理与教学等常规班级工作预期最高。所以对于师范生的培养当中，注意提高师范生的班级管理的能力，除了开设相应的课程之外，还要多给予师范生实践机会进行班级管理活动设计和实施。

6.用人单位对于本专业毕业生在综合育人方面的预期分析

线下问卷第 11 题描述统计量

	N	极大值	极小值	均值	标准差
11.1	282	5	3	4.59	0.585
11.2	282	5	2	4.58	0.598
11.3	282	5	3	4.53	0.603
第 11 题总分	282	15	8	13.70	1.593

线下问卷第 11 题各题得分频率表

		非常符合	比较符合	一般	不太符合	完全不符合
11.1	频率	180	88	14	0	0
	百分比(%)	63.6	31.1	4.9	0	0
11.2	频率	178	92	10	2	0
	百分比(%)	62.9	32.5	3.5	0.7	0
11.3	频率	166	100	16	0	0
	百分比(%)	58.7	35.3	5.7	0	0

线下问卷统计

		综合育人 1	综合育人 2	综合育人 3
个案数	有效	282	282	282
	缺失	1	1	1
总和		398	400	414

线上问卷统计

题目 \ 选项	非常符合	比较符合	一般	不太符合	完全不符合
理解交往沟通在小学生身心发展中的价值和重要意义，能够参与组织主题教育、少先队活动和社团活动	121 (56.28%)	73 (33.95%)	18 (8.37%)	1 (0.46%)	2 (0.93%)
能够结合语文课程教学、班级活动等教育活动促进学生全面、健康发展	123 (57.21%)	71 (33.02%)	17 (7.91%)	1 (0.46%)	3 (1.40%)
了解校园文化和教育活动的育人内涵和方法	123 (57.21%)	71 (33.02%)	18 (8.37%)	1 (0.46%)	2 (0.93%)

　　由以上数据分析可知，对于语文专业毕业生在综合育人方面的预期中，"理解交往沟通在小学生身心发展中的价值和重要意义"，"能够结合语文课程教学、班级活动等教育活动促进学生全面、健康发展"，"了解校园文化和教育活动的育人内涵和方法"三个方面的预期都较高。所以对于师范生培养当中，要重视综合育人活动设计的思想与方法的传授。

7.用人单位对于本专业毕业生在学会反思方面的预期分析

线下问卷第12题描述统计量

	N	极大值	极小值	均值	标准差
12.1	282	5	1	4.43	0.693
12.2	282	5	1	4.47	0.649
第12题总分	282	10	2	8.897	1.246

线下问卷第12题各题得分频率表

		非常符合	比较符合	一般	不太符合	完全不符合
12.1	频率	149	109	21	2	1
	百分比(%)	52.7	38.5	7.4	0.7	0.4
12.2	频率	153	110	18	1	0
	百分比(%)	54.1	38.9	6.4	0.4	0

线下问卷统计

		学会反思1	学会反思2
个案数	有效	282	282
	缺失	1	1
总和		443	432

线下问卷统计

题目/选项	非常符合	比较符合	一般	不太符合	完全不符合
具有终身学习与专业发展意识；了解国内外基础教育改革发展动态	118 (58.71%)	74 (36.82%)	20 (9.95%)	1 (0.5%)	2 (1%)
能够适应时代和教育发展需求，进行学习和职业生涯规划	124 (61.69%)	71 (35.32%)	20 (9.95%)	1 (0.5%)	2 (1%)
具有一定创新意识，初步具备分析和解决教育教学问题的能力	125 (62.19%)	67 (33.33%)	21 (10.45%)	1 (0.5%)	2 (1%)

由以上数据分析可知，对于语文专业毕业生在学会反思方面的预期中，具有一定创新意识，初步具备分析和解决教育教学问题的能力预期最高，所以对于师范生的培养当中，要注意提高师范生发现教学问题、解决教学问题以及创新教学实践的能力。

8.用人单位对于本专业毕业生在沟通合作方面的预期分析

线下问卷第 13 题描述统计量

	N	极大值	极小值	均值	标准差
13.1	282	5	1	4.55	0.669
13.2	282	5	1	4.53	0.691
第13题总分	282	10	2	9.082	1.295

线下问卷第 13 题各题得分频率表

		非常符合	比较符合	一般	不太符合	完全不符合
13.1	频率	177	89	13	1	2
	百分比（%）	62.5	31.4	4.6	0.4	0.7
13.2	频率	172	93	14	3	0
	百分比（%）	60.8	32.9	4.9	1.1	0

线上问卷统计

题目／选项	非常符合	比较符合	一般	不太符合	完全不符合
掌握基本的沟通合作技能，具有一定的团队合作能力，基本能通过与他人的沟通和合作完成教育教学任务	124（61.69%）	74（36.82%）	18（8.96%）	1（0.5%）	2（1%）
能够与学生、家长、领导、同事进行有效沟通	125（62.19%）	70（34.83%）	20（9.95%）	1（0.5%）	3（1.49%）

由以上表格可知，对于语文专业毕业生在沟通合作方面的预期中，掌握沟通技能并进行有效沟通很重要。所以要注重对于师范生沟通与合作能力的培养，在课程设置和实施过程中多开设一些团队合作主题项目活动。

（四）从用人单位对新入职教师的预期表现在哪些方面来看

1. 用人单位认为新入职教师在师德修养与教育情怀方面最需要提高的要素分析

线上问卷第 14 题多选题频率

		响应		个案百分比
		个案数	百分比	
第 14 题多选 a	第 14 题 A 对教师职业的理解和认同	126	35.0%	44.8%
	第 14 题 B 对教师职业的理解和认同	66	18.3%	23.5%
	第 14 题 C 对教师职业的理解和认同	88	24.4%	31.3%
	第 14 题 D 对教师职业的理解和认同	80	22.2%	28.5%
总计		360	100.0%	128.1%

线上问卷统计

选项	小计	比例	
A 对教师职业的理解与认同	91		45.27%
B 对待学生的态度与行为	41		20.4%
C 教育教学的态度与行为	40		19.9%
D 个人修养与行为	29		14.43%
本题有效填写人次	201		

以上表格可知，对于新入职教师在师德修养与教育情怀方面最需要提高的是对教师职业的理解与认同。所以，学生在校期间应该加强职业身份的认同感，可以通过营造积极的师范校园氛围，增强学生的主人翁意识，同时还要依托课程的开设通过一系列的活动强化学生的职业认同感。

线下问卷第 14 题多选题 * 第 1 题职称交叉表

			初级	中级	高级	无职称	总计
			第 1 题职称				
第 14 题多选 a	第 14 题 A 对教师职业的理解和认同	计数	33	48	33	12	126
	第 14 题 B 对教师职业的理解和认同	计数	21	28	12	5	66
	第 14 题 C 对教师职业的理解和认同	计数	27	35	16	10	88
	第 14 题 D 对教师职业的理解和认同	计数	27	25	19	9	80
总计		计数	86	105	59	31	281

卡方检验

	值	自由度	渐进显著性（双侧）
皮尔逊卡方	1.812a	3	.612
似然比	1.834	3	.607
线性关联	002	1	.962
有效个案数	282		

a.0 个单元格（0.0%）的期望计数小于 5。最小期望计数为 8.79。

根据卡方检验的结果，$p > 0.05$ 卡方值未达显著，说明教师职称与对教师素质中师德的预期并无明显相关。

2.用人单位认为当前新入职教师在专业知识方面最需要的要素分析

线下问卷第 15 题多选题频率

		响应		个案百分比
		个案数	百分比	
第 15 题多选题 a	第 15 题 A	83	24.1%	29.4%
	第 15 题 B	53	15.4%	18.8%
	第 15 题 C	128	37.1%	45.4%
	第 15 题 D	81	23.5%	28.7%
总计		345	100.0%	122.3%

线上问卷统计

选项	小计	比例	
A 教育知识	82		40.8%
B 学科知识	22		10.95%
C 学科教学知识	50		24.88%
D 人文与科学通识性知识	47		23.38%
本题有效填写人次	201		

由以上表格可知，对于新入职教师在专业知识方面最需要提高的是教育知识和学科教学知识。

线下问卷第 15 题多选题 * 第 1 题职称交叉表

			第 1 题职称				
			初级	中级	高级	无职称	总计
第 15 题 多选题 a	第 15 题 A	计数	28	31	14	10	83
	第 15 题 B	计数	10	25	13	5	53
	第 15 题 C	计数	44	43	30	11	128
	第 15 题 D	计数	20	33	18	10	81
总计		计数	87	105	59	31	282

3. 用人单位认为当前新入职教师在专业知识方面最需要提高要素分析

线下问卷第 16 题多选题频率

		响应		
		个案数	百分比	个案百分比
第 16 题多选题 a	第 16 题 A	122	21.9%	61.0%
	第 16 题 B	86	15.5%	43.0%
	第 16 题 C	30	5.4%	15.0%
	第 16 题 D	82	14.7%	41.0%
	第 16 题 E	64	11.5%	32.0%

续表

		响应		个案百分比
		个案数	百分比	
第16题多选题a	第16题F	40	7.2%	20.0%
	第16题G	27	4.9%	13.5%
	第16题H	42	7.6%	21.0%
	第16题I	21	3.8%	10.5%
	第16题J	42	7.6%	21.0%
总计		556	100.0%	278.0%

线下问卷统计

选项	小计	比例	
A 教学设计能力	134		66.67%
B 教学实施能力	107		53.23%
C 教学评价能力	65		32.34%
D 班级管理能力	93		46.27%
E 综合育人能力	78		38.81%
F 反思研究能力	52		25.87%
G 自主学习能力	70		34.83%
H 沟通交流能力	60		29.85%
I 协同合作能力	37		18.41%
J 创新能力	51		25.37%
本题有效填写人次	201		

由以上表格可知，大部分的人认为新入职教师在专业能力方面最需要提高的是教学设计能力，其次教学实施能力、班级管理能力也需要提高。所以教学设计能力、教学实施能力、班级管理能力对师范生职业发展具有重要影响。在校期间应该加强学生这些方面的能力。

线下问卷第 16 题多选题 * 第 1 题职称交叉表

			第 1 题职称				
			初级	中级	高级	无职称	总计
第 16 题多选题 a	第 16 题 A	计数	40	42	25	15	122
	第 16 题 B	计数	27	29	24	6	86
	第 16 题 C	计数	14	8	7	1	30
	第 16 题 D	计数	28	30	19	5	82
	第 16 题 E	计数	22	26	10	6	64
	第 16 题 F	计数	13	16	7	4	40
	第 16 题 G	计数	7	9	5	6	27
	第 16 题 H	计数	16	13	7	6	42
	第 16 题 I	计数	7	7	5	2	21
	第 16 题 J	计数	7	21	6	8	42
总计		计数	66	72	41	21	200

　　访谈数据显示，在问到贵单位对新进教师的要求的时候，回答集中在以下几个方面：语文学科素养和专业能力强；有责任心，关爱学生；有很好的语言表达能力和沟通能力；有较强的学习能力，能够双语（汉语和藏语）教学；有大局意识、集体意识、团队意识；有一专多兼的教学能力；有很好的班级管理能力；教育态度端正，思想政治素质高；能够流利地用普通话进行教学；有良好的师德师风；能够很好地使用现代数字技术进行教学；对小学语文的教学（教学大纲、教学方法、教学目的等）有所研究。

　　由此可以看出用人单位对新进教师的要求表现在多维度上，从思想层面、业务层面、研究思考层面都提出了相应的要求。尤其突出了因材施教的能力，能够对不同的教学对象进行针对性的教学。

（五）从专业素养与能力在师范生职业发展中的重要程度来分析

线下问卷第 17 题描述统计量

	N	极大值	极小值	均值	标准差
17.1	282	5	3	4.90	0.348
17.2	282	5	3	4.90	0.333
17.3	282	5	2	4.82	0.443
17.4	282	5	3	4.87	0.372
17.5	282	5	3	4.80	0.444
17.6	282	5	4	4.89	0.318
17.7	282	5	3	4.77	0.472
17.8	282	5	3	4.71	0.505
17.9	282	5	3	4.73	0.497
17.10	282	5	3	4.87	0.355
17.11	282	5	3	4.77	0.460
17.12	282	5	3	4.85	0.363
17.13	282	5	1	4.70	0.569
17.14	282	5	1	4.82	0.474
17.15	282	5	3	4.81	0.445
17.16	282	5	3	4.81	0.426
17.17	282	5	3	4.81	0.443
17.18	282	5	3	4.79	0.462
17.19	282	5	3	4.81	0.443
17.20	282	5	3	4.83	0.413
17.21	282	5	2	4.75	0.489
17.22	282	5	2	4.76	0.507
第 17 题总分	282	110	69	105.78	6.698

线下问卷第 17 题各题得分频率表

		非常重要	比较重要	一般	不重要	完全不重要
17.1	频率	257	21	4	0	0
	百分比（%）	90.8	7.4	1.4	0	0
17.2	频率	257	22	3	0	0
	百分比（%）	90.8	7.8	1.1	0	0
17.3	频率	238	39	4	1	0
	百分比（%）	84.1	13.8	1.4	0.4	0
17.4	频率	247	32	3	0	0
	百分比（%）	87.3	11.3	1.1	0	0
17.5	频率	230	47	5	0	0
	百分比（%）	81.3	16.6	1.8	0	0
17.6	频率	250	32	0	0	0
	百分比（%）	88.3	11.3	0	0	0
17.7	频率	222	54	6	0	0
	百分比（%）	78.4	19.1	2.1	0	0
17.8	频率	208	67	7	0	0
	百分比（%）	73.5	23.7	2.5	0	0
17.9	频率	213	62	7	0	0
	百分比（%）	75.3	21.9	2.5	0	0
17.10	频率	248	32	2	0	0
	百分比（%）	87.6	11.3	0.7	0	0
17.11	频率	223	54	5	0	0
	百分比（%）	78.8	19.1	1.8	0	0
17.12	频率	242	39	1	0	0
	百分比（%）	85.5	13.8	0.4	0	0
17.13	频率	211	60	10	1	0
	百分比（%）	74.6	21.2	3.5	0.4	0
17.14	频率	240	36	5	0	0
	百分比（%）	84.8	12.7	1.8	0	0
17.15	频率	234	42	6	0	0
	百分比（%）	82.7	14.8	2.1	0	0

续表

		非常重要	比较重要	一般	不重要	完全不重要
17.16	频率	233	45	4	0	0
	百分比（%）	82.3	15.9	1.4	0	0
17.17	频率	235	41	6	0	0
	百分比（%）	83.0	14.5	2.1	0	0
17.18	频率	231	44	7	0	0
	百分比（%）	81.6	15.5	2.5	0	0
17.19	频率	235	41	6	0	0
	百分比（%）	83.0	14.5	2.1	0	0
17.20	频率	238	40	4	0	0
	百分比（%）	84.1	14.1	1.4	0	0
17.21	频率	217	60	4	1	0
	百分比（%）	76.7	21.2	1.4	0.4	0
17.22	频率	221	55	4	2	0
	百分比（%）	78.1	19.4	1.4	0.7	0

线上问卷统计

题目/选项	非常重要	比较重要	一般	不重要	完全不必要
思想政治素养	161（80.1%）	38（18.91%）	14（6.97%）	0（0%）	2（1%）
职业道德	160（79.6%）	38（18.91%）	13（6.47%）	1（0.5%）	1（0.5%）
心理健康	161（80.1%）	38（18.91%）	11（5.47%）	0（0%）	2（1%）
教育理想信念	153（76.12%）	42（20.9%）	14（6.97%）	1（0.5%）	1（0.5%）
教育情感	152（75.62%）	45（22.39%）	12（5.97%）	2（1%）	1（0.5%）
专业素养	154（76.62%）	44（21.89%）	11（5.47%）	1（0.5%）	1（0.5%）
人文素养	149（74.13%）	47（23.38%）	13（6.47%）	1（0.5%）	1（0.5%）
科学精神	143（71.14%）	52（25.87%）	14（6.97%）	1（0.5%）	1（0.5%）
信息素养	148（73.63%）	47（23.38%）	14（6.97%）	1（0.5%）	1（0.5%）
教学实施能力	154（76.62%）	41（20.4%）	14（6.97%）	1（0.5%）	1（0.5%）

续表

题目/选项	非常重要	比较重要	一般	不重要	完全不必要
教学评价能力	152（75.62%）	44（21.89%）	13（6.47%）	1（0.5%）	1（0.5%）
课程理解能力	157（78.11%）	36（17.91%）	15（7.46%）	1（0.5%）	1（0.5%）
课程开发能力	147（73.13%）	47（23.38%）	14（6.97%）	1（0.5%）	1（0.5%）
班级管理能力	155（77.11%）	41（20.4%）	13（6.47%）	1（0.5%）	2（1%）
综合育人能力	155（77.11%）	41（20.4%）	13（6.47%）	1（0.5%）	1（0.5%）
自主学习能力	150（74.63%）	46（22.89%）	13（6.47%）	1（0.5%）	1（0.5%）
反思研究能力	147（73.13%）	49（24.38%）	14（6.97%）	1（0.5%）	1（0.5%）
沟通交流能力	149（74.13%）	43（21.39%）	17（8.46%）	1（0.5%）	1（0.5%）
学情分析能力	151（75.12%）	42（20.9%）	16（7.96%）	1（0.5%）	1（0.5%）
教学设计能力	151（75.12%）	44（21.89%）	15（7.46%）	1（0.5%）	1（0.5%）
协同合作能力	144（71.64%）	53（26.37%）	12（5.97%）	1（0.5%）	1（0.5%）
创新能力	147（73.13%）	49（24.38%）	14（6.97%）	1（0.5%）	1（0.5%）

以上表格得出职业道德、思想政治素养、专业素养、学情分析对于师范生职业发展最为重要。

线下问卷第 17 题重要性 * 第 1 题职称交叉表

			第 1 题职称				
			初级	中级	高级	无职称	总计
第 17 题重要性 a	非常重要	计数	1544	1884	1160	542	5130
	比较重要	计数	318	384	133	130	965
	一般	计数	48	40	5	10	103
	不重要	计数	2	2	0	0	4
	完全没必要	计数	2	0	0	0	2
总计		计数	87	105	59	31	282

百分比和总计基于响应者。

（六）用人单位希望语文教师还能兼任什么学科教学的数据分析

线下问卷第 18 题兼任学科频率

		响应		
		个案数	百分比	个案百分比
第 18 题兼任学科 a	第 18 题 A 数学	37	5.6%	13.1%
	第 18 题 B 藏语文	31	4.7%	11.0%
	第 18 题 C 英语	53	8.1%	18.8%
	第 18 题 D 科学	99	15.1%	35.1%
	第 18 题 E 道德与法治	191	29.1%	67.7%
	第 18 题 F 信息技术	59	9.0%	20.9%
	第 18 题 G 音乐	82	12.5%	29.1%
	第 18 题 H 体育	36	5.5%	12.8%
	第 18 题 I 美术	68	10.4%	24.1%
总计		656	100.0%	232.6%

线上问卷统计

选项	小计	比例	
A 数学	78		38.81%
B 藏语文	57		28.36%
C 英语	54		26.87%
D 科学	79		39.3%
E 道德与法治	132		65.67%
F 信息技术	58		28.86%
G 音乐	84		41.79%
H 体育	47		23.38%
I 美术	67		33.33%
本题有效填写人次	201		

由以上表格可知，有 323 人认为语文老师应该兼任道德与法治课，占

样本总人数的 65.67%，因此道德与法治课程的学科知识与能力对于本专业师范生的职业发展有重要影响。分析其原因，可能是大部分人认为语文课程和道德与法治课程存在一定联系，因此对于师范生的培养中可以注重这两个学科之间的整合。所以在选择本专业学生的兼教学科时候应该将小学道德与法治课程纳入兼教课程中。

（七）对于语文专业培养"一专一兼"型小学教师（即毕业生不仅能承担语文学科教学，还能兼任其他一门学科的教学）的合理性判断分析

第 19 题描述统计量（线下统计数据）

	N	极大值	极小值	均值	标准差
目标合理性	282	5	1	3.99	0.982

第 19 题各选项得分频率表（线下统计数据）

		非常合理	比较合理	一般	比较不合理	非常不合理
目标合理性	频率	99	110	50	17	6
	百分比(%)	35.0	38.9	17.7	6.0	2.1

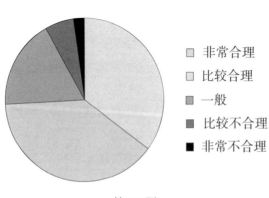

□ 非常合理
□ 比较合理
■ 一般
■ 比较不合理
■ 非常不合理

第 19 题

线上问卷统计

选项	小计	比例
A 非常合理	82	40.8%
B 比较合理	77	38.31%
C 一般	32	15.92%
D 比较不合理	9	4.48%
E 非常不合理	1	0.5%
本题有效填写人次	201	

从以上数据得出，选择非常合理和比较合理的有 368 人，占样本总人数的 74.95%。这说明了本专业实施"一专一兼"型教师的培养目标，得到了用人单位的肯定与支持。

（八）对于确定语文专业毕业生工作 5 年后，能够胜任小学语文教学这一目标的认同度的分析

胜任是指有一定的理论基础，同时具有较强的教学实践能力和经验。

第 20 题描述统计量

	N	极大值	极小值	均值	标准差
目标认同度	282	5	1	4.29	0.745

第 20 题各选项得分频率表

		非常认同	比较认同	一般	比较不认同	非常不认同
目标认同度	频率	122	128	25	6	1
	百分比（%）	43.1	45.2	8.8	2.1	0.4

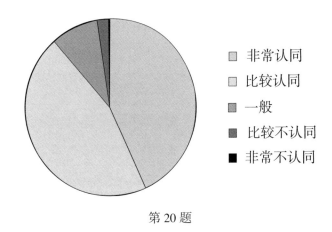

非常认同
比较认同
一般
比较不认同
非常不认同

第 20 题

选项	小计	比例
A 非常认同	97	48.26%
B 比较认同	79	39.3%
C 一般	23	11.44%
D 比较不认同	2	1%
E 非常不认同	0	0%
本题有效填写人次	201	

由以上表格得出，选择非常认同的为 219 人，占样本总人数的 44.6%；选择比较认同的为 207 人，占样本总人数的 42.16%；选择不认同或非常不认同的仅为 9 人，这说明本专业毕业生基本符合专业人才培养的预期，也在一定程度上论证了人才培养方案的基本合理性。

访谈数据显示，在问到贵单位对我校人才培养方面有何建议时，回答集中在以下十个方面：加强责任心教育；加强教学理论知识与技能培训；加强语文素养教育；培养学生一专多兼能力；多进行业务能力培训（教学能力，数字技术运用能力如 PPT、白板等）；熟悉教材教法，加强过程性考核和毕业考核，培养"一专一兼"能力，培养计算机应用能力；要熟悉课程标准，能够进行微格教学；树立终身学习理念；加强语言能力训练，加强口语、朗读能力训练，多教拼音、字、词、句等基础知识，培养简报、总结、工作计划等书写能力。

从该问卷总体回答情况来看，西藏基础教育对于语文教育人才素质的需求中，对于教师教育思想与情怀，以及学科专业知识和能力的需求最为明显。在本专业课程设置当中既要注重理论方面的引导，也要注重在实践中提高知识的应用能力。

三、调查结论与讨论

（一）师资需求情况

从调查总体数据来看，我区各类小学师资中语文教师是相对饱和的状态，虽然存在结构性缺编的情况，但是，缺口并不大。结合我区小学语文教学的现状与特点，特别是基层小学语文教学的实际情况，师资存在量的饱和与质的达标间的矛盾，特别是教材改革以来，这一问题更加突出。所以，本专业人才培养应该积极面向"产出导向"，突出"学生中心"的理念，强化学生的综合素质，全面提升学生各方面的能力，以填补质的缺编现状。从目前本专业的建设方向来看，积极推动"升本"工作，是迫在眉睫的事情。

（二）强化职业身份认同感、培育教育情怀

西藏地处祖国的西南边陲，很多地方高寒缺氧、自然环境恶劣，教育情怀在西藏基础教育战线上有着特殊的意义。在调查过程中，用人单位反复强调的是职业身份的认同感和教育情怀的培育。培养下得去、留得住、用得上的基础教育人才是我校培养人才的根基。所以，在学校学习的时候应该积极营造良好的育人环境，强化师范意识，学生在校期间应该加强职

业身份的认同感，可以通过营造积极的师范校园氛围，增强学生的主人翁意识，同时还要依托课程的开设，通过一系列的活动强化学生的职业认同感，积极探索全过程、全员、全方位的教育情怀培育模式。

（三）提高基层服务意识，强化责任教育

责任感是教师职业最显著的特点。访谈过程中很多老师都提及近几年毕业生普遍缺乏责任心的问题，那么，如何在学校期间加强责任教育呢？首先需要以学校全体教师为核心，做好认知引领。以"明日教师，今日培养"的使命感，以教育者先受教育的原则，提高学校所有教师的责任意识。引导学生树立正确的责任认知，通过加强实践体验教育的途径。将责任体验融入学生管理。在学生管理中，注重发挥学生本身的作用，让学生参与到学校学生管理事务中，使其"以己为师""自我管理""自我受教"。同时将责任体验融入校园文化活动。利用"五四"青年节、"七一"建党节、"十一"国庆节、运动会等活动，将责任体验融入学生学校生活的每一个环节中。

责任感教育和基层服务意识是相辅相成的，在积极培养学生责任意识的同时，通过社会实践活动等，为学生创造接触基层一线的机会，强化扎根边疆、服务基层的意识。

（四）结合用人单位的需求，积极探索教师教育课程的教学模式

提升学生的师范技能，提升教师教育课程的教学质量，强化教育教学实施能力是"产出导向"理念在学科教学中的本质体现。针对调查中用人单位反馈的学生教学实践能力有所欠缺的现状，积极探索课程改革，从科学教学法课程来讲，需要积极推进"双导师"制走进课程与教学法的课堂，强化过程化考核，培养学生的动手、动脑能力。从教学内容、教学方法、教学形式、教学模式等方面做积极的探索。同时还要加强教师教育类课程

的联动机制，改变课程和课程之间脱节的现象，需要全面、系统地探索教师教育类课程的教学模式，建立相对稳定的教师队伍。

（五）提高学生提出问题、解决问题的能力

针对目前师范生自觉、主动地利用各类资源提高自己解决教育教学问题的能力普遍较低的问题，在所有课程的教学活动中要强化学生提出问题、解决问题的能力。教师需要转变观念，积极探索课堂教学的有效形式，切实体现"学生中心"教育教学理念。

（六）强化专业基础知识，提高小学教材的解读能力

针对我校学生生源的特性，需要从入学起就强化专业基础知识的积累，依托小学语文课程与教学课完成对小学教材的解读，以扎实的学科专业素养，满足用人单位对语文教师的基本需求。

（七）调整兼教学科，满足用人单位的人才需求

根据调查结果显示，语文专业学生兼任概率最大的是道德与法治课程，而兼任藏文教学的概率却很低，所以，在兼教课程的开设中用道德与法治课代替藏文课。

（德吉央宗　吴亮奎）

一个待完成的研究方案

选题：高等师范教育内涵式团队援藏

一、本选题的价值

（一）理论价值

1.本选题的研究成果将丰富均衡发展理论。本研究结合西藏特殊的社会发展实际，从地理区位差异、经济差异、文化差异的角度对均衡发展理论进行分析和阐释，探索教育援藏背景下的教育公平和教育正义理论。本研究认为从援藏方式上看，不仅要强调分配形式的正义，进行公平的教育资源分配，还要关注当地文化、自然条件与教育的联系，从地方性知识与当代科技发展、民族语言学习与国家通用语言文字普及、民族身份认同与中华民族共同体铸牢等角度讨论均衡发展的问题。

2.本选题还将通过内涵式团队援藏理念的阐释丰富中国语境下教育援助的内涵，形成教育援助的中国话语，改变西方语境下"援助（Aid）"概念强调的"等级分明""上对下""强对弱""单向干预"的援助与受援助关系，为世界教育援助提供中国话语表达。

（二）实际应用价值

1. 本选题的研究为政府相关职能部门提供的政策咨询和参考将在一定程度上改进援藏策略、优化援藏方式。第十三届全国人大第五次会议政府工作报告提出的"推进西部高等教育内涵式发展，分类建设一流大学和一流学科""支持西部高等教育发展"的教育发展任务，教育部提出的"师范教育协同提质计划"，同时，教育部 2022 年工作要点第 13 条提出"加强学校铸牢中华民族共同体意识教育"、"开展'组团式'援疆教育人才选派工作"等具体要求。本选题直接指向政府工作报告和教育部的决定、工作要点，为援藏策略和援藏方式的改进提供参考。

2. 本选题通过对拉萨师专发展个案的参与式行动研究将有助于西藏高等师范学校的内涵建设和发展。拉萨师专是西藏唯一一所高等师范学校，拉萨师专培养的师范生占西藏小学和学前教师的 52％以上。2017 年，拉萨师专正式将"升格本科"列入学校工作计划。"升格本科"工作使学校在管理观念、学科建设、师资力量等方面面临巨大挑战，急需学校外部力量，尤其需要我国内地高水平师范大学的支持和帮助。

二、国内外研究现状及趋势

（一）国外相关研究

从认识论上看，教育援助一直根植于复杂的历史背景中，涉及不断变化的"干预逻辑"。"援助（Aid）"从来都不是一个中性的概念。"援助逻辑"所涉及的要素一般包含援助动机、援助关系、援助条件和援助架构。（Yuan，2012）这种援助逻辑建立了一种父性的、等级分明的捐助国和受援国关系。尽管有各种各样的形式，西方捐助者的这种基本逻辑是相当一致的。援助常常意味着欠发达国家接受发达国家援助，以赶上它们的援助国。近年来，援助的逻辑已经从单向干预（援助国设定模式—受援助国模仿模式）转向合作的趋势，更多地关注援助国和受援国政府之间的互动，如英国布里斯托大学承担的非洲南部高等教育中的乡村性研究项目（Dr Sue Timmis，2016—2019）。在一般援助实践中，教育援助日益被认为是"知识经济"话语发展的关键部分，对外援助的性质似乎已经从指导性转向合作性，伙伴关系话语。在西方，教育援助不仅仅是一个教育问题，更是一个经济和政治问题。

国外有关教育援助更多强调等级分明的捐助国和受援国关系，援助国和受援助国是两个不对等的主体，其研究话语不适合我国教育援藏问题的讨论，但在一些程序和方法上可适当借鉴。

（二）国内相关研究

西藏高等教育研究的论文相对较少。以"西藏高等教育"为主题和关键词在中国知网搜索核心期刊论文，分别从 2000 年和 2010 年开始，截至目前的论文各是 56 篇和 36 篇；以"高等师范教育"并"西藏"为关键词在知网进行主题搜索，总共找到从 1995 年到现在的 22 篇文献。在这些文献中，以西藏高等师范学校发展为研究内容的论文非常少，论文的作者来源大多数是西藏区内的高校和科研机构，论文多发表于西藏区内或内地民族教育的相关刊物，内地学者和内地一般学术刊物对西藏高等师范教育关注程度不高，有影响的相关研究成果数量少。下面就既有文献对相关内容综述如下。

1.高等教育援藏政策发展

援藏是中央政府依据西藏高等教育发展实际及其受援需求，组织相关中央国家机关、内地省市和高校，通过财力、物力和人力等支持和帮助西藏高等教育发展的一种政策性行为。支援西藏高等教育政策大致经历了起步与探索（1958—1979 年）、调整与成形（1980—2000 年）、拓展与深化（2001 至今）三个发展时期。（张王勇，2018）有学者将其概括为"教育援藏的初步提出和谨慎实施"、"教育对口支援的提出和初具体系"、"教育对口援藏体系化和制度化"三个阶段。（肖铖，2014）2001 年高等教育援藏工作全面铺开，20 年来，教育部组织实施的内地高校对口支援西藏高校政策实施机制逐步完善，团队式对口支援制度基本形成。未来教育援藏需要结合国家战略与西藏地方区情进行理性设计，整体思考西藏社会经济发展和教育发展关系，提升西藏教育的自主发展能力。

2. 高等教育团队式援藏

2015 年 12 月，教育部会同国家发展和改革委员会、财政部等部门印发了《"组团式"教育人才援藏工作实施方案》。2016 年秋季起正式开始实施"组团式"教育人才援藏工作。"组团式"援藏包括教育人才援藏的统筹协调机制、对口帮扶机制和保障机制。2017 年 12 月教育部等四部委印发了《援藏援疆万名教师支教计划实施方案》。目前，高等教育"组团式"援藏的主要措施：以组织协调机制为推动、以"双一流"建设为导向、以项目支持为支撑、以人才为核心和重点。（杨富，2020）相较于基础教育组团式援藏工作的政策力度和规模，高等教育组团式援藏在实施过程中计划性和连续性不足。吴亮奎在前期研究成果中提出"内涵式援藏"概念，内涵式援藏的目的是使西藏自治区高等师范教育在发展过程中基于自身实际，借力外在因素，激活学校内在因素。（吴亮奎，2022）

3. 西藏高等教育发展

西藏高等教育要增强社会发展的适应性，形成自我发展的生机与活力。把培养合格人才作为高等学校最根本的任务。以师范性、实用性、职业性作为学科专业定位的基本取向，培养基层实际工作需要的应用型高级专门人才。（彭宇文，2000）寻求科学的现代化推进路径，是西藏高等教育必须面对并解决的当务之急。（杨小峻、王毅，2016）推进新时代西藏高等教育发展，需要从全国要求与西藏现实坐标出发，凸显西藏高等教育发展的自主性，加快西藏高等教育发展路径建设。（王毅，2019）抓住"双一流"建设契机，坚持立德树人，通过引领西藏高校科学定位、扩大办学规模、调整优化学科专业结构等关键措施，进一步推动西藏高等教育实现内涵式发展。（韩利君等，2018）

4.西藏高等师范教育发展

基础教育的优质发展需要大量高水平的教师，只依靠"组团"的形式从外界输入优秀教师显然无法从根本上解决西藏地区基础教育发展所需要的大量优秀教师的问题。因此，大力发展西藏本地的高等师范教育，扩大师范教育的规模，提升师范教育的规格和质量成为必然。有学者在对西藏师范教育全面调查的基础上，从国家安全的角度对西藏高等师范学校的发展定位进行了分析，认为，西藏高等师范院校要处理好生源的地域封闭性与家国情怀的涵养、生源构成的多样性与中华民族共同体意识的铸牢、课程基础薄弱性与民族地区合格教师的培养三对矛盾。学校培养目标应定位于为西藏基础教育培养合格师资，学校课程与教学应指向实践技能训练，学校管理要以教学为中心，做到教学与服务国家安全发展统一、与服务边疆建设统一。（吴亮奎，2021）

综上，得出两点结论：（1）西藏高等师范教育和高等师范学校发展缺少深层次的系统研究，西藏高等师范学校的管理、课程建设等具体内涵问题需要进行深入讨论。（2）虽然高等师范教育的援藏工作已经实行了多年，但对高等师范教育援藏的系统研究尚不够深入，西藏高等师范学校发展的对口支援工作缺少计划性和智力引导性。新时代，在"支持西部高等教育发展"、"师范教育协同提质计划"的政策背景下，西藏高等师范学校对口支援工作，尤其是团队式高等教育援藏工作需要进行深度研究。因此，本研究提出"西藏高等师范学校内涵式团队援藏"的研究课题。

三、研究目标

（一）初步形成适合西藏区情的高等师范学校内涵发展模式，进而形成高等师范教育内涵式团队援藏的理念、思路和机制。

（二）探索西藏高等师范学校内涵式团队援藏工作实施路径和管理办法的改进措施，建立高等师范学校援藏共同体，形成基于需求、目标统一、协同合作、定点帮扶的持续性和连贯性援藏机制，实现西藏高等师范学校与内地对口支援高校的联动式协作，促进西藏高等师范学校的内涵发展。

（三）提出高等师范教育团队援藏工作改进建议，加强西藏高等师范学校在民族地区师范生培养、国家通用语言文字普及、中华民族共同体铸牢教育中的积极作用，以案例的形式丰富中国共产党共同富裕的实践经验和均衡发展理论。

四、研究内容

（一）西藏自治区高等师范教育现状调查

从学校发展、专业设置、课程管理、教学方式、生源分布、毕业生社会满意度、办学规模和办学层次、基础教育学校师资需求等方面对西藏自治区高等师范教育的现状进行调查。本部分研究内容分别从以下三个方面展开。

1.西藏自治区高等师范教育的学校发展、专业设置与课程实施调查

2.西藏自治区高等师范教育的教学方式与教学质量调查

3.西藏自治区基础教育学校对师范生的发展需求调查

（二）西藏高等师范学校内涵式团队援藏个案研究

内涵式团队援藏个案选择。目前西藏自治区有西藏大学、西藏民族大学、拉萨师专三所高校设有师范教育专业，前两所大学为综合性大学附设师范教育。拉萨师专在"升格本科"工作完成后将成为西藏自治区唯一一所本科师范学校。本研究将团队式援藏个案确定为拉萨师专（升格本科后即拉萨师范学院）。

个案介绍：拉萨师范高等专科学校是西藏自治区唯一一所培养基础教育师资的师范学校。2006年在原拉萨师范学校的基础上升格为拉萨师范高等专科学校。拉萨师专2017年提出"升本"工作目标，经过近五年努力，"升本"方案已于2021年下半年通过了西藏自治区政府的审批，2022年上半年报教育部审批。目前学校有专任教师230人，学生4000余人。从2007年开始，内地多所高校与拉萨师专进行对口教育支援。2016年以来，东北师范大学、苏州大学、南京师范大学、首都师范大学四所对口高校先后共选派优秀教师60多人参加拉萨师专的教育援藏工作。本部分研究内容分别从以下三个方面展开。

1.基于西藏区情的拉萨高等师范学校专业建设和课程设置援助研究

2.基于西藏区情的拉萨高等师范学校人才培养模式和教学方式援助研究

3.国家安全、国家通用语言文字普及、民族共同体铸牢与西藏高等师范学校发展研究

（三）内涵式团队援藏与西藏高等师范学校质量提升研究

中央政府财政的投入和内地各省的对口援建使西藏的教育发生了巨大变化。拉萨"教育城"的建设带来西藏教育的飞跃发展。然而，教育的经济投入、硬件的发展还需要有非经济、非硬件的支持，如教育的文化因素、政策因素、管理因素、师资因素。来自西藏高校自身的发展需要应该

成为西藏高等师范学校发展的主要力量，没有这种高校自身发展的需要，外来力量的援助虽然也能带来教育的改变，但其效果会降低。团队援藏从援藏工作组织形式的角度分析问题，在援藏工作的组织形式相对完善后，援藏工作面临着以智力引领为核心内涵建设问题。因此，本研究根据西藏高等师范学校发展的特点提出内涵式团队援藏策略，将团队援藏的组织形式与援藏工作的内涵建设结合起来分析问题，突出高等教育援藏工作的智力引领作用，促进西藏受援学校的质量提升。本部分研究内容分别从以下三个方面展开。

1. 内涵式团队援藏的概念、目的、价值、可行性研究

2. 内涵式团队援藏的工作思路研究

3. 内涵式团队援藏的实施形式、经验总结和理论凝练研究

（四）西藏高等师范学校团队援藏策略和援藏方式改进研究

西藏高等教育学校是西藏全面振兴的战略内生力量，要立足、扎根、服务西藏，内生动力是西藏高等教育发展的特色之路。科学、稳定的教育援藏政策能够保证援藏过程的持续性、连贯性和有效性。西藏高等师范学校的内涵发展也需要强有力的政策和制度保障。本部分研究内容分别从以下两个方面展开。

1. 高等师范教育援藏教师队伍制度建设与实施的改进建议（结合个案实例从"选拔"、"储备"、"鼓励"、"考评"等角度分析问题）

2. 高等师范教育援藏共同体建设与组织协调的改进建议（结合个案实例从"教育部统一计划"、"省级教育主管部门协调组织"、"受援学校与内地高校对口支援行动"等角度分析问题）

五、拟突破的重点和难点

（一）重点

如何基于西藏高等师范学校自身发展需要进行内涵式团队援藏工作。

（二）难点

如何通过内涵式团队援藏克服西藏地方高校既有管理方式、思维方式、文化惯性、生源基础等因素对学校发展的影响，以形成西藏自治区高等师范学校的内涵发展机制。

六、研究思路与方法

（一）研究思路

第一步，在前期研究的基础上，深入解读国家政策，阅读相关文献，分析本课题组在前期研究中获得的数据，确定选题，进行课题论证和课题申报。第二步，对西藏自治区高等师范教育现状进行调研，发现其发展需要；同时，开展研究个案拉萨师专的参与式行动研究。第三步，对内涵式团队教育援藏的政策实施、经验分析和理论总结展开研究。第四步，完成个案材料的整理和撰写，在个案研究的基础上总结高等师范学校内涵式团队援藏实践经验，进而在经验的基础上进行理论凝练，提出高等师范教育援藏政策改进建议。

（二）研究方法

1.调查法：从西藏高等师范学校的专业设置、课程实施、评价管理、教学方式、生源分布、毕业生质量、办学规模和办学层次、学校发展需求等方面，编制问卷和访谈提纲，对西藏自治区高等师范教育的现状进行调查分析。调查对象由四部分组成：（1）西藏高等师范学校教师和管理人员；（2）师范学校学生；（3）西藏基础教育学校教师和管理人员；（4）西藏自治区各区市教育行政人员。调查过程中访谈人数根据研究的实际情况确定。数据采用 SPSS 软件分析，根据调研数据分析其内在发展需要，提出针对性的内涵式团队援藏工作建议。

2.行动研究法：深度参与研究个案拉萨师范高等专科学校的教学、科研和管理工作，从个案的日常教学和科研管理中发现问题，分析问题产生的原因，了解学校发展的既有条件，完成拉萨师专的发展个案研究，给予有针对性的支持帮助，促进其内涵发展。

3.个案研究法：选取拉萨师范高等专科学校作为研究个案，通过个案发展经验的总结凝练，为高等师范教育援藏政策的制定提供样例和实践依据。

后　记

　　十多年前，我的导师杨启亮先生在给我们博士生上课的课堂上讲述过他的一次西藏讲学经历，先生真情地给我们描述了一位藏族老人的眼神：清澈、纯真，充满对天地的虔诚。先生的描述让我第一次感受到藏地文化的美丽和神奇。2020年12月，看到学校发布招募老师去西藏支教的通知，我毫不犹豫地报了名。单位批准后，我便欣然前往。

　　一年的支教生活，西藏美丽的风景，藏地神奇的文化，真实地呈现在我的眼前，我将我眼中的美丽和神奇一一记录下来，有的写进电脑，有的留存心底。支教任务完成，回到内地，经过近一年时间的整理，便有了现在这本《雪域高原的教育守望：西藏支教故事》。

　　书名中的"守望"一词，取其"坚守希望"之意。怒江源头措那湖边安多县措玛乡小学的五位老师在海拔4700米的高原牧区守护着一所只有17名学生的牧区小学，他们是高原教育的最美坚守者。在西藏，有许多像措玛乡小学五位老师那样的教育坚守者，在珠峰脚下，在狮泉河边，在西藏的22个边境县和29个海拔4000米以上的高海拔县，他们像国防战士坚守每一块界碑一样坚守着校园，他们在雪域高原播撒着中华民族精神的种子，他们的坚守是西藏教育发展的希望。

　　"支教"故事不仅关乎支教者，还关乎受支教学校的老师和学生，"支教"故事需要有他们的声音。由此，我请拉萨师专的德吉央宗老师作为他们的代表，讲述他们眼中的西藏教育。书稿的第一编、第二编（除《藏族的姻亲》《文化的崇拜》）、第三编、第四编的《德央老师的全国赛课一等奖与磨课》、第五编、第六编（除德吉央宗和我共同完成的《西藏自治区小学语文教育人才需求调查报告》）由我完成，其余部分由德吉央宗老师完成，德吉央宗老师完成的部分都在文末作了注明。

支教期间，拉萨师专的领导、老师在工作、生活上给予我很多关心和照顾，心中的感激自不待言，我永远不会忘记。

拉萨师专语文和社会科学系由汉语文、藏文、英语三个专业组成，这是一个和谐上进的大家庭，在这个大家庭里工作、生活，每一天都是快乐的，这段时光留存心底，我永远不会忘记。

同来拉萨师专支教的还有苏州大学文学院的李晨、教育科学学院的甘忠伟和东北师范大学美术学院的韩枫、教务处的郑伟四位老师，我们一起工作、生活的时光，我永远不会忘记。

拉萨师专纯朴热情的学生，相识或不相识、接触过或未接触过，他们的笑脸、他们的眼神、他们的民族服装、他们的藏戏、他们的锅庄、他们手中的念木扎、他们天空般的嗓音……我永远不会忘记。

雪山高耸信仰，圣湖净化心灵。壮观的雅鲁藏布江，雄伟的南迦巴瓦峰，美丽的拉萨河，神奇的布达拉宫……我永远不会忘记。

这永远不会忘记的人和事，有的写进了故事中，有的没有写进故事。也许，那些没有写进故事中的人和事更加美丽珍贵。

本书的出版得到了人民出版社的大力支持，李怡然编辑为本书的出版付出了艰辛的劳动；南京师范大学教育科学学院为本书的出版提供了资助。在此一并表示深深的感谢和由衷的敬意。

吴亮奎

2022 年 7 月 13 日于南京师范大学仙林校区

责任编辑：李怡然　陈晓燕

封面设计：汪　莹

图书在版编目（CIP）数据

雪域高原的教育守望：西藏支教故事／吴亮奎，德吉央宗　著 . —北京：
　人民出版社，2025.1

ISBN 978－7－01－026082－2

I.①雪…　II.①吴…②德…　III.①社会科学－文集　IV.① C53

中国国家版本馆 CIP 数据核字（2023）第 212562 号

雪域高原的教育守望

XUEYU GAOYUAN DE JIAOYU SHOUWANG

——西藏支教故事

吴亮奎　德吉央宗　著

人民出版社 出版发行

（100706　北京市东城区隆福寺街 99 号）

中煤（北京）印务有限公司印刷　新华书店经销

2025 年 1 月第 1 版　2025 年 1 月北京第 1 次印刷

开本：710 毫米 ×1000 毫米 1/16　印张：18.75

字数：250 千字

ISBN 978－7－01－026082－2　定价：78.00 元

邮购地址 100706　北京市东城区隆福寺街 99 号

人民东方图书销售中心　电话（010）65250042　65289539